STORY WRITING SENSE 03

Gandhi
The Man
in the
Train

• 한일
Wisconsin 주립대학 TESOL(B.A)
Columbia University TESOL(M.A)
Dens Elementary School 교사
Watered Garden in L.A 영어 교사
Writing Certification Program 운영
ETB(Ears to Brain) Grammar Lecture 개발
Story Writing & Academic Writing Program 개발
KCU with 연세대학교 겸임 교수
파고다외국어학원 언어교육연구소 연구원 역임

STORY WRITING SENSE_03
Gandhi - The Man in the Train

초판 1쇄 발행 2006년 11월 10일

지은이   한일
펴낸이   신성현, 오상욱
펴낸곳   도서출판 아이엠북스
        121-884 서울시 마포구 합정동 376-13 신우빌딩1차 204호
        Tel. (02)3141-9508 Fax. (02)3141-9504

출판등록 2006년 6월 7일 제 313-2006-000122호
ISBN 89-92334-02-8 14740

저자와의 협의에 따라 인지는 붙이지 않습니다.
잘못된 책은 구입하신 곳에서 교환해 드립니다.
이 책에 게재된 내용의 일부 또는 전체를 무단으로 복제 및 발췌하는 것을 금합니다.

www.iambooks.co.kr

STORY WRITING SENSE 03

Gandhi
The Man
in the
Train

한일 지음

Contents

What is the Story Writing? 6

Construction & Character 8

Story One

영어의 단순한 2가지 구조 **Essential Part vs. Additional Part** 12
Preview the Story Sentence 14
Story Writing 주어 + 동사 (+ 목적어) 16
Review Sentence Writing 20

Story Two

Writing에 있어서 생명과도 같은 존재 **전치사** 24
Preview the Story Sentence 28
Story Writing 주어 + 동사 (+ 목적어) + 전치사 30
Review Sentence Writing 36

Story Three

문법이 쉬운 만큼 사용하기 어려운 **Be동사** 40
Preview the Story Sentence 42
Story Writing 주어 + 동사 (+ 목적어) + 전치사 + Be동사 44
Review Sentence Writing 52

Story Four

동사에 더하고, 보태는 역할 **부사** ……………………………………………… 56
Preview the Story Sentence ……………………………………… 58
Story Writing 주어 + 동사 (+ 목적어) + 전치사 + Be동사 + 부사 …………… 60
Review Sentence Writing ……………………………………… 68

Story Five

동사의 명사화 **To부정사 & In order to** …………………………………… 72
Preview the Story Sentence ……………………………………… 74
Story Writing 주어 + 동사 (+ 목적어) + 전치사 + Be동사 + 부사 + to부정사/in order to …… 78
Review Sentence Writing ……………………………………… 86

Story Six

To부정사의 단점을 보완하는 'Package Grammar' **동명사 & 가주어 'It'** …… 90
Preview the Story Sentence ……………………………………… 94
Story Writing 주어 + 동사 (+ 목적어) + 전치사 + Be동사 + 부사 + to부정사/in order to + 동명사, 가주어 It …… 98
Review Sentence Writing ……………………………………… 110

Story Seven

형용사화된 동사와 be동사의 조합 **과거 · 현재분사 & 수동태** ……… 114
Preview the Story Sentence ……………………………………… 118
Story Writing 주어 + 동사 (+ 목적어) + 전치사 + Be동사 + 부사 + to부정사/in order to + 동명사, 가주어 It + 분사, 수동태 … 120
Review Sentence Writing ……………………………………… 138

Story Word List ……………………………………………………… 141

Writing Guideline …………………………………………………… 149

What is the Story Writing?

하나의 문장이 만들어지기 위해서는 반드시 그 시작점이 있습니다. 영어도 마찬가지입니다. 영어는 두 개의 단어로 문장을 시작합니다.

I like.
주어 동사

He cleaned.
주어 동사

Plants grow.
주어 동사

They operated.
주어 동사

Story Writing은 문장이 만들어지는 가장 기본적인 시작점, 즉 두 개의 단어를 시작점으로 출발하여 한편의 Story를 만들어갑니다.

하나의 문장이 두 개의 단어로 출발하여 어떠한 문법적인 경로를 통해서 길어지는지, 또 각각의 문법들은 서로 어떠한 경로를 통해서 구조적으로 긴밀하게 연결되는지, 그렇게 상호 긴밀히 연결된 문법들이 글의 내용과 수준에 어떠한 영향을 미치는지 한편의 Story를 완성시켜 가면서 살펴보게 됩니다.

처음에는 두 개의 단어로 구성된 20~30분 분량의 짧은 Story를 만나게 됩니다. 이후 이 짧은 Story가 길어지기 위해서 필요한 문법들을 만나고, Story의 구조도 더욱 정교해지며, 전달하고자하는 내용도 자세해지는 과정을 겪게 됩니다.

Story Writing은 Story One이 Story Two를 쓸 수 있는 바탕을 마련해줍니다. 또한 Story One과 Story Two는 Story Three를 쓸 수 있는 바탕을 마련해 줍니다.

각각의 Story가 더해갈수록 글의 길이는 길어지고, 요구되는 문법도 복잡해집니다. 단계별로 문법적 요소를 첨가해가면, 구조적으로 풍부한 한편의 Story를 완성하게 되고, 2시간 분량의 Story를 쓸 수 있는 능력을 키우도록 도와줍니다.

 Story Writing에서 문법을 요구하는 이유는 Writing과 문법과의 긴밀한 연결 관계를 느끼게 하기 위해서입니다. 각각의 Story가 더해가면서 요구되는 문법을 차례대로 공부하다보면 문법에도 어떠한 문법이 먼저이고, 어떠한 문법이 나중인지, 문법에도 순서가 있음을 느끼게 될 것입니다.

 각각의 Story를 쓰기 위해서 실생활에서 사용 비중이 높은 문법들이 소개되어 있습니다.

 여러분은 Story Writing에서 단지 Writing에만 집중할 것이 아니라, 각각의 Story마다 제시된 문법과도 친숙해 지기를 바랍니다.

 Story Writing의 가장 큰 장점은 영어문장을 체계적으로 바라볼 수 있는 시야를 지닌다는 것입니다. 영어문장을 체계적으로 관리할 수 있는 능력은 바로 Writing과 Reading에 직접적인 영향을 끼칩니다.

 Story Writing을 통해 여러분은 결국 2시간 이상의 Writing을 할 수 있는 능력을 가지게 될 것입니다. 또한 Story가 어떠한 문법적인 경로를 통해 길어졌는지를 알 수 있다면, 여러분은 틀림없이 어떠한 Writing이라도 할 수 있다는 자신감을 가지게 될 것입니다.

Composition & Character

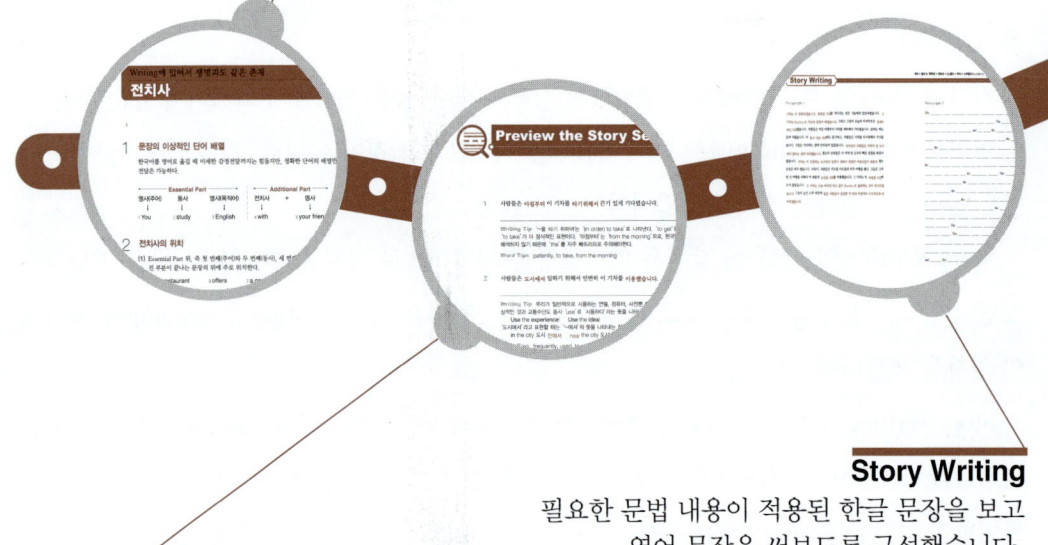

Grammar
Story writing에 필요한 문법을 소개했습니다.

Story Writing
필요한 문법 내용이 적용된 한글 문장을 보고
영어 문장을 써보도록 구성했습니다.

Preview the Story Sentence
정확한 내용 전달을 위하여 적절한 어휘의 선택과 표현 방법 등의
설명이 필요한 문장을 Story에서 선별하여 소개했습니다.

Review Sentence Writing
학습한 문법을 활용하여 다양한 문장을 써보도록 구성했습니다.

Guideline
여러분이 완성한 문장과 비교할 수 있도록 빈칸이 채워진 문장을 제시했습니다.

Word List
Story의 내용을 다시 한 번 상기할 수 있도록, 각 Story의 전개 순서에 맞추어 어휘 및 어구를 제시했습니다.

Story One

영어의 단순한 2가지 구조
Essential Part vs. Additional Part

영어의 단순한 2가지 구조
Essential Part vs. Additional Part

1 영어로 문장을 쓰고 싶다

영어로 쓰고 싶은 문장에서 가장 먼저 첫 번째(주어)와 두 번째(동사) 오는 단어를 찾아야 한다.

다음 한국어 문장에서 첫 번째(주어)와 두 번째(동사) 오는 단어를 살펴보자.

| 그들은 운전한다. | → | ₁그들은 | ₂운전한다 |
| 우리는 논다. | → | ₁우리는 | ₂논다 |

다음 영어 문장에서 첫 번째(주어)와 두 번째(동사) 오는 단어를 살펴보자.

| They drive. | → | ₁They | ₂drive |
| We play. | → | ₁We | ₂play |

● 두 개의 단어로 구성된 문장에서 단어의 배치 순서는 한국어와 영어가 똑같다.

2 Essential Part vs. Additional Part

(1) Essential Part: 문장에서 첫 번째(주어)와 두 번째(동사) 오는 단어로 이루어진 부분으로 단어의 배치 순서는 한국어와 동일하며, 두 개의 단어 중 하나의 단어라도 빠지면 문법적으로 틀린 문장이 된다.

₁My friend	₂sent. (O)	→	My friend sent. (X)
		→	My friend sent. (X)
₁I	₂guessed. (O)	→	I guessed. (X)
		→	I guessed. (X)
₁Tom	₂knew. (O)	→	Tom knew. (X)
		→	Tom knew. (X)

다음 한국어 문장에서 첫 번째(주어)와 두 번째(동사), 세 번째 오는 단어를 살펴보자.

| 그들은 자동차를 운전한다. | → | ₁그들은 | ₃자동차를 | ₂운전한다 |
| 나는 영어를 공부한다. | → | ₁나는 | ₃영어를 | ₂공부한다 |

다음 영어 문장에서 첫 번째(주어)와 두 번째(동사), 세 번째 오는 단어를 살펴보자.

| They drive a car. | → | 1 They | 2 drive | 3 a car |
| I study English. | → | 1 I | 2 study | 3 English |

● 영어는 순서를 중요하게 여기기 때문에 첫 번째(주어)와 두 번째(동사) 오는 단어의 위치가 정해지면 세 번째 단어는 세 번째 자리에 와야 한다.

1 My friend	2 sent	3 a postcard.
1 I	2 guessed	3 the answer.
1 Tom	2 knew	3 the fact.

(2) **Additional Part**: 문장에서 첫 번째(주어)와 두 번째(동사), 세 번째(목적어) 오는 단어 이후의 부분으로 단어가 빠지더라도 문법적으로 전혀 영향을 받지 않으며, 반드시 전치사로 시작한다.

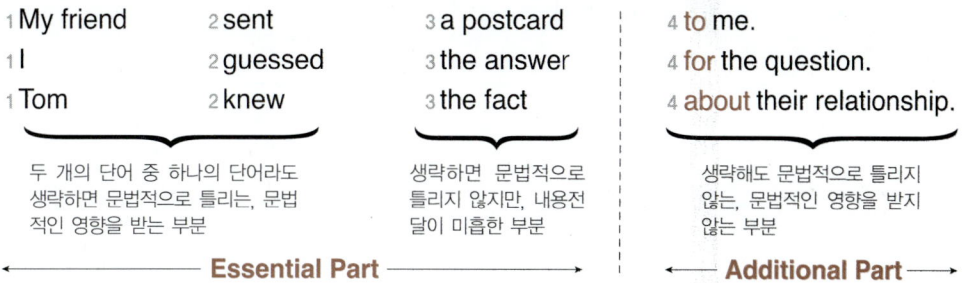

3 영어 문장을 길게 쓰고 싶다

(1) 전치사를 사용해서 영어 문장을 얼마든지 더 길게 쓸 수 있다.

  1 My friend 2 sent 3 a postcard to me from Japan with the package on Monday.

(2) 영어 문장을 길게 쓰기위한 전치사는 Additional Part로 생략해도 문법적으로 전혀 영향을 받지 않는 부분이다.

My friend sent a postcard ~~to me~~ from Japan with the package on Monday. (O)
My friend sent a postcard to me ~~from Japan~~ with the package on Monday. (O)
My friend sent a postcard to me from Japan ~~with the package~~ on Monday. (O)
My friend sent a postcard to me from Japan with the package ~~on Monday~~. (O)

Preview the Story Sentence

1   **마지막 기차가 도착했습니다**

Writing Tip 마지막 기차라는 것을 강조하기 위해서 'last'에 'the'를 붙여 'the last'로 나타낸다. 어디에 도착했는지 장소가 없을 때는 'arrived'로, 도착 장소가 있을 때는 전치사 'at'와 함께 'arrived at'로 도착을 나타낸다.

Word Tips the last, arrived

2   그는 **균형을 잃었습니다**.

Writing Tip 동사 'lose(~을 잃다)'가 물건을 잃어버렸을 때만 쓰이는 것은 아니다.
    lose my mind 마음을 잃다   **lose** my face 체면을 잃다   **lose** the way 길을 잃다

Word Tips lost, balance

3   **아무도** 도와주거나 관심을 가지지 **않았습니다**.

Writing Tip 'no one'과 'nobody'는 '아무도 ~않다'라는 의미로, 'nobody'가 더 구체적인 한 사람 한 사람을 나타낸다. 'everyone'과 'everybody'에서도 마찬가지로 'body'라는 표현이 들어간 'everybody'가 'everyone'보다 더 구체적인 각각의 사람을 나타낸다. 'everyone'은 한 두 사람이 예외 될 수 있지만, 'everybody'는 한 사람도 빠짐없이 모두가 참여해야한다.

Word Tips no one, cared

4   그는 **고개를 들었습니다**.

Writing Tip 동사 'raise'는 '일어나다, 상승하다'라는 뜻으로, '고개를 들다'에서 '들다'를 나타낸다.

Word Tips raise, his head

5   그는 그의 몸을 **움직였습니다**.
___

Writing Tip 동사 'move'가 물건을 옮길 때만 쓰이는 것은 아니다.
   move attention 관심을 옮기다   move positions 위치를 옮기다
   move out 이사 나가다   move in 이사 들어오다

Word Tips moved

6   그는 그 신발을 **포기했습니다**.
___

Writing Tip '~을 포기하다'라고 표현할 때 'give up'을 쓴다. 한 단어로 'quit(끊다)', 'abandon(버리다)', 'withdraw(물러나다)'와 같은 단어들이 있다.

Word Tips give up

7   그는 **잠시** 동안 생각했습니다.
___

Writing Tip '잠시'라는 표현으로 'a moment'를 쓴다. 'a moment'보다 더 짧은 시간을 표현할 때는 'a second', 'a second'보다 더 짧은 시간을 표현할 때는 '반짝이는 순간'이라는 표현의 'in a flash'를 쓴다.

Word Tips for a moment

8   그는 **몸을 구부려서** 그것을 **밖으로 던졌습니다**.
___

Writing Tip '상반신(허리)을 구부리다'는 'bend over', '고개를 구부리다'는 'bend the neck'이라고 하는데, '굴복하다'라는 의미로 연장해서 쓰인다. '던지다'는 동사 'throw'를 쓴다.
   throw out 밖으로 던지다   throw in 안으로 던져 넣다   throw away 버리다, 낭비하다

Word Tips bend over, throw out

9   어떤 **가난한** 사람이 그 왼쪽 신발을 **주워요**.
___

Writing Tip 'poor'는 '가난한, 서투른, 불쌍한, 형편없는'의 뜻으로 쓰인다.
   pick up 줍다, 집어 올리다   pick on 괴롭히다, 못살게 굴다   pick out 고르다, 파내다

Word Tips poor, pick up

> Go on to the 148 page

Story Writing

Paragraph 1

₁마지막 기차가 ₂도착했습니다. 더운 날씨에 ₁사람들은 이 기차를 ₂기다렸습니다. ₁사람들은 서로 ₂밀치며, ₂소리를 질렀습니다. ₁사람들은 ₂뛰었습니다. ₁모두가 ₂내달렸습니다.

Paragraph 2

₁그들은 지붕으로 ₂기어올랐습니다. ₁많은 사람들이 기차의 위에 ₂앉았습니다. ₁어린 아이들도 그곳에 ₂앉아있었습니다. ₁몇몇 사람들은 ₂싸웠습니다.

Paragraph 3

₁한 남자가 ₂올라탔습니다. ₁사람들이 기차를 ₂채웠습니다. ₁그는 무엇인가에 ₂발이 걸렸습니다. ₁그는 균형을 ₂잃고, ₂넘어졌습니다. ₁아무도 ₂도와주거나 ₂관심을 가지지 않았습니다. ₁누군가 그의 왼쪽 발을 ₂밟았습니다. ₁그는 그의 발을 ₂뺐습니다. ₁그 남자는 그의 왼쪽 신발을 ₂잃어 버렸습니다.

Paragraph 4

₁그는 그의 신발을 ₂보았습니다. ₁그는 ₂기어갔습니다. ₁그는 그의 손을 ₂뻗었습니다. ₁그는 그 신발을 ₂잡았습니다. 그러나 ₁누군가 그 신발을 밖으로 ₂찼습니다.

주어 + 동사 (+ 목적어)

Paragraph 1

The _____ _____ _____. ___ hot _____, _____ _____ ____ this train. _____ _____ and _____ to ____ _____. _____ ____. Everybody _____.

Paragraph 2

_____ _____ ___ the ____. _____ _____ ____ on ____ of the _____. _____ _____ sat _____, too. _____ people _____.

Paragraph 3

A ____ ____ ___. _____ _____ the _____. He _____ _____ _____. He ____ _____ _____ and _____ _____. ___ ____ _____ or _____. Someone _____ ____ his _____ _____. He _____ ____ his foot. The ____ _____ ____ _____ shoe.

Paragraph 4

___ ____ ____ _____. ___ _____. He _____ ____ ____ _____. He _____ the _____, but _____ _____ the ____ out.

Go on to the 148 page

Story Writing

Paragraph 5

₁그는 고개를 ₂들었습니다. ₁그는 그 신발이 ₂필요했습니다. ₁사람들은 주의를 ₂기울이지 않았습니다. ₁모두가 그저 안전한 자리를 ₂원할 뿐이었습니다. ₁그는 그의 몸을 ₂움직였습니다.

Paragraph 6

바로 그때, ₁그 기차가 ₂움직였습니다. ₁그는 시간이 ₂없었습니다. ₁그는 그 신발을 ₂포기했습니다. ₁그는 잠시 동안 ₂생각했습니다. 그리고 그의 오른쪽 신발을 ₂벗었습니다. ₁그는 몸을 ₂구부려서 그것을 창밖으로 ₂던졌습니다.

Paragraph 7

기차 안에 있던 ₁한 남자가 그것을 ₂보았습니다. "당신은 ₁뭐₂하는 거요? ₁당신은 신발이 ₂필요 없나요? 아니면 ₁당신은 여분의 신발 한 켤레를 ₂가지고 있나요?" ₁그 남자는 ₂물었습니다. "이걸 ₂상상해 보세요. ₁어떤 가난한 사람이 그 왼쪽 신발을 ₂주워요. 당신은 그가 무엇을 하리라고 ₂생각하세요? 아마도 ₁그는 그 오른쪽 신발을 ₂필요로 하겠지요." ₁그는 ₂미소 지었습니다. 나중에 ₁사람들은 그를 "간디"라고 ₂불렀습니다.

주어 + 동사 (+ 목적어)

Paragraph 5

___ _____ ____ _____. He _____ the _____. _____ didn't _____ _____. _____ just _____ a _____ _____. ___ _____ his _____.

Paragraph 6

Right _____, the _____ _____. ____ didn't _____ _____. He _____ ___ the _____. He _____ for a _____ and _____ ____ his _____ _____. ___ _____ _____ and _____ ___ out the _____.

Paragraph 7

A man ___ the _____ ____ ___. "What _____ you _____? _____ don't _____ _____ or ____ _____ an _____ _____ of _____?" the man _____. "_____ this! A _____ ____ _____ up the _____ _____. _____ do you _____ he ___ _____ ___ do? _____ he _____ the _____ _____ _____." ___ _____. Later _____ _____ him "_____".

Go on to the 148 page

Review Sentence Writing

1 ₁Bobby는 책을 ₂읽는다.
   _____

2 ₁나는 숙제를 ₂한다.
   _____

3 ₁그는 나의 취향을 ₂모른다.
   _____

4 ₁나는 시계를 ₂구입했다.
   _____

5 ₁사람들은 그 경기를 ₂보았습니다.
   _____

6 ₁나의 친구들은 나의 생일을 ₂축하했다.
   _____

Word Tips 1. reads 2. do 3. taste 4. bought 5. watched 6. celebrated

7 ₁그는 자리를 ₂예약했습니다.
_____

8 ₁너는 그것을 ₂이해했니?
_____

9 ₁Sam은 그의 자리를 ₂양보했습니다.
_____

10 ₁그는 그의 발을 ₂헛디뎠습니다.
_____

11 ₁나는 자제력을 ₂잃었다.
_____

12 ₁우리는 그녀를 ₂쳐다보았습니다.
_____

13 ₁Emma는 닭고기 수프를 ₂먹었습니다.
_____

14 ₁너는 담요가 ₂필요하니?
_____

Word Tips 7. reserved/made a reservation   8. Did~?, understand   9. offers   10. missed, step   11. self-control   12. looked at   13. had   14. a blanket

15 ₁David는 ₂대답하지 않았습니다.
_____

16 ₁사람들은 휴식을 ₂필요로 합니다.
_____

17 ₁그는 그의 계획을 ₂정리했습니다.
_____

18 ₁너는 물을 좀 ₂원하니?
_____

19 ₁그는 컴퓨터를 ₂고쳤습니다.
_____

20 ₁네가 그 문제를 ₂해결했다.
_____

Word Tips 15. answer 16. a rest 17. organized 18. Do~?, some 19. fixed 20. solved

Story Two

Writing에 있어서
생명과도 같은 존재
전치사

Writing에 있어서 생명과도 같은 존재
전치사

1. 문장의 이상적인 단어 배열

한국어를 영어로 옮길 때 미세한 감정전달까지는 힘들지만, 정확한 단어의 배열만으로도 의미 전달은 가능하다.

←――― Essential Part ―――→	←――― Additional Part ―――→
명사(주어)　동사　명사(목적어)	전치사　＋　명사
↓　　　↓　　　↓	↓　　　　↓
₁You　₂study　₃English	₄with　₅your friend.

2. 전치사의 위치

(1) Essential Part 뒤, 즉 첫 번째(주어)와 두 번째(동사), 세 번째(목적어) 오는 단어로 이루어진 부분이 끝나는 문장의 뒤에 주로 위치한다.

　　₁The restaurant　　₂offers　　₃a good salad　　₄with other food.

(2) 명사의 뒤에 쓸 수 있다.

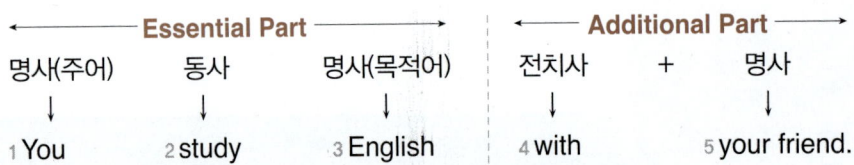

　　with other [food].
　　　　　　　　명사

3. 전치사의 성격

(1) 문장을 길게 쓰는데 결정적인 역할을 한다.

　　₁The restaurant by(next to) our office across the street ₂offers ₃a good salad
　　　　　　　　　　　～옆에　　　　　　　～을 건너

　　with other food for people in the town after 2p.m. from Monday to Thursday.
　　～와 함께　～을 위하여　～안에　　　　～뒤에　　　～로부터　　～까지

(2) Additional Part로 생략해도 문법적으로 전혀 영향을 받지 않는다.

~~₁The restaurant by(next to) our office~~ across the street ₂offers ₃a good salad ~~with other food for people in the town after 2p.m.~~ from Monday ~~to Thursday.~~

4 전치사의 종류

- 그 문제에 대해서: about the problem
- 그 길을 가로질러서: across the street
- 그 상황 아래에: under the situation
- 그 길 아래로/아래에서: down the street
- 그 길 위로: up the road

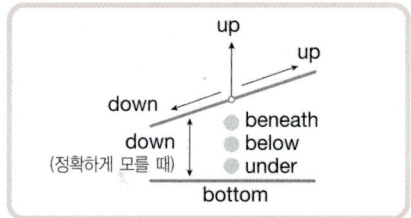

- 정문 옆에: next to / by / beside the main entrance
  * 'next to'는 바로 붙어있는 옆으로, 'by'보다 더 가까운 옆을 나타낸다.
- 나무 사이에: between / among the trees
  * 'between'은 '둘 사이'를 나타내며, 'among'은 '셋 이상 사이'를 나타낸다.
- 그 언덕 넘어서: over the hill

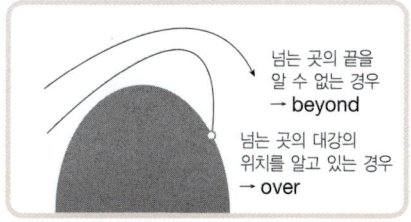

- 교통체증에도 불구하고: despite the traffic jam
- 내 주위에: around me
- 과거로부터: from the past

Writing에 있어서 생명과도 같은 존재 **전치사**

- 나 자신을 위해서: [for] myself
- 몇 시간 동안: [for] several/a few hours
  * 'several'은 '7~8' 정도를 나타내며, 'a few'는 '3~4' 정도를 나타낸다.
- 봄 방학 동안에: [during] the spring vacation
  * 뒤에 숫자를 쓸 수 없으며, 주로 과거의 '동안에'를 나타낸다.
- 너의 직장에서: [at] your work
- 10시에(시간): [at] 10 o'clock
- 1998년에(년도): [in] 1998
- 초겨울에(계절): [in] the early winter
- 11월에(달): [in] November
- 미래에: [in] the future
  현재에: [in] the present
  과거에: [in] the past
- 아침에: [in] the morning
  낮에: [in] the afternoon
  저녁에: [in] the evening
  * 밤에: [at] night
- 21세기에: [in] the 21st century
- 화장실 안에: [in] the restroom
  내 마음 속에: [in] my mind
  사진 속에: [in] the picture
- 방 안으로: [into] the room

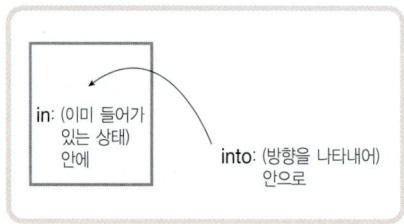

- 우리를 향하여: [toward] us
- 너의 무릎 위에: [on] your lap
- 수요일에(요일): [on] Wednesday

* 수요일 아침에: [on] Wednesday morning
- 2002년 6월 21일에: [on] June 21st, 2002
- 여인의 향기: the scent [of] a woman
  Hollywood의 거리: the street [of] Hollywood
- 안내소 근처에: [near] the information desk
- 그 강을 따라서: [along] the river
- 나의 일에서 떠나서/벗어나: [off] my work
- 관심 밖에: [out] the consideration
  문 밖에: [out] the door
- 그 문을 통하여: [through] the door
- 그 문에 기대어서: [against] the door
- 나의 마음과 함께: [with] my heart
- 그의 돈을 가지고: [with] his money
- 아무 걱정 없이: [without] any worries
- 그 문에/으로/쪽으로(방향): [to] the door
- 그로인해서: [by] him
  * 수동태와 함께 쓰인다.
- 그들처럼: [like] them
- 점심식사 후에: [after] lunch
- 일몰 전에: [before] sunset

# Preview the Story Sentence

1. 마지막 기차가 Zambia로부터 기차역에 도착했습니다.

   _____

   Writing Tip 모든 문장은 그 문장이 끝난 뒤, 즉 essential part가 끝난 뒤에 전치사를 써서 부연설명을 할 수 있다. 내용이 허락하는 한 세 개까지 전치사를 써서 문장을 늘릴 수 있으며, 내용에 이상이 없다면 전치사가 오는 순서는 자유롭다.
       to the station from Zambia (○) → from Zambia to the station (○)

   Word Tips arrived at, station, from Zambia

2. 한 남자가 기차에 올라탔습니다.

   _____

   Writing Tip '~에 타다'를 나타내는 'get on'은 주로 교통수단을 탈 때 쓰며, 놀이기구를 탈 때는 동사 'ride'를 쓴다.
       get off 버스, 트럭, 기차와 같은 큰 교통수단에서 내릴 때
       get out 택시와 같은 작은 교통수단에서 내릴 때

   Word Tips get on

3. 아무도 도와주거나 그에 대해서 관심을 가지지 않았습니다.

   _____

   Writing Tip '아무도 ~하지 않았다'를 나타낼 때 'Noone'으로 붙여 쓰지 않도록 주의해야 한다. 'No one'은 이미 부정의 뜻을 포함하고 있으므로, 부정어 'not'을 쓸 필요가 없다. 'care'는 보통 부정문, 의문문에서 '걱정하다, 신경을 쓰다'라는 뜻으로 쓰인다.
       care about ~에 마음을 쓰다   **care** for ~을 좋아하다

   Word Tips No one, care about

4. 모두가 그저 그들의 긴 여행을 위해서 안전한 자리를 원할 뿐이었습니다.

   _____

   Writing Tip 여행을 나타내는 표현을 살펴보자.
       trip 주로 단거리 여행을 나타낸다.

travel 장거리 여행을 나타낸다.
journey 장거리 여행을 나타내며, 시작한 자리로 돌아올 것을 보장하지는 않는다.
expedition 특별한 연구나 학습을 목적으로 떠나는 여행으로, 어느 정도의 모험을 감수할 필요가 있는 여행을 나타낸다.

Word Tips   a safe seat, for, long trip

5   그 신발은 **땅바닥**에 있는 그의 왼쪽 신발 근처에 떨어졌습니다.

___

Writing Tip '땅바닥' 이라는 표현은 가볍게 'ground' 로 나타낼 수 있다. 'land, earth, soil' 은 좀 거창하고, 무거운 느낌이 든다. '떨어뜨리는 것' 은 동사 'drop' 을 써야 할 것 같지만, 'drop' 은 '높은 곳에서 일직선으로 떨어지는 느낌' 을 나타내는 반면, 'land' 는 '날아가서 특정 위치에 떨어지는 것' 을 나타낸다.

Word Tips   landed, near, on, ground

6   그는 벽에 **기대어서** 앉았습니다.

___

Writing Tip 'against' 는 '~에 기대어, ~에 반대하여' 라는 뜻으로, 그 안에 이미 '~에' 라는 방향표시 전치사 'to' 가 들어있다.
   against me 나에게 반대하여 → **against to** me(✗)
   against the rule 규칙에 어긋나서 → **against to** the rule(✗)

Word Tips   against, wall

7   당신은 그가 단지 신발 하나를 가지고 무엇을 하리라고 생각하세요?

___

Writing Tip '~을 어떻게 생각하나요?' 라고 물을 때는 'What do you think?' 라고 묻는다. '~와 함께' 라는 표현에서 전치사 'with' 와 'by(~로써)' 를 혼동하는 경우가 있다. 전치사 'by' 는 'by taxi' 처럼 나와 그 물건이 함께 움직이는 것을 나타내지만, 전치사 'with' 는 'with the computer' 처럼 내가 그 물건을 손으로 조작한다.

Word Tips   what do you think, is going to do, with, just

Go on to the 148 page

Story Writing

Paragraph 1

마지막 기차가 Zambia로부터 기차역에 도착했습니다. 더운 날씨에도 불구하고 사람들은 아침부터 이 기차를 기다렸습니다. 기차가 승강장에 멈추기 전에 사람들은 기차를 향해서 뛰었습니다. 모두가 그들의 자리를 위해서 내달렸습니다. 그들은 기차 안으로 뛰어들었습니다. 사람들은 기차 안과 주위에서 서로 밀치며, 소리를 질렀습니다.

Paragraph 2

그들은 기차의 옆과 뒤로부터 지붕으로 기어올랐습니다. 많은 사람들이 기차의 지붕 위에 앉았습니다. 어린 아이들도 그들 가운데 그곳에 앉아있었습니다. 몇몇은 기차의 문에 매달렸습니다.

Paragraph 3

한 남자가 기차에 올라탔습니다. 사람들이 기차를 채웠습니다. 그는 무엇인가에 발이 걸렸습니다. 그는 균형을 잃고, 바닥에 넘어졌습니다. 아무도 도와주거나 그에 대해서 관심을 가지지 않았습니다. 누군가 그의 왼쪽 발을 밟았습니다. 그는 그의 발을 뺐습니다. 그러나 그의 왼쪽 신발이 벗겨졌습니다. 그 남자는 그의 왼쪽 신발을 잃어 버렸습니다.

주어 + 동사 (+ 목적어) + 전치사

Paragraph 1

The _____ _____ _____ __ the _____ _____ Zambia. _____ the ____ _____ _____ _____ for _____ _____ _____ the morning. _____ the train _____ __ the _____, people ____ _____ the _____. _____ _____ _____ their seat. _____ ____ _____ the train. _____ _____ and _____ __ ____ _____ __ and _____ the train.

Paragraph 2

_____ _____ __ the roof _____ _____ and _____ of the _____. _____ _____ ____ __ the _____ of the _____. _____ _____ ___ there _____ them, too. _____ _____ __ the door ___ the train.

Paragraph 3

A _____ ____ __ the _____. People _____ the _____. He _____ over _____. ___ _____ the _____ and _____ _____ ___ the floor. ____ _____ _____ or _____ _____ him. _____ _____ ___ his _____ _____. He _____ _____ his _____, but ____ _____ shoe _____ _____. The man _____ ____ _____ shoe.

Go on to the 149 page

Story Writing

Paragraph 4

그는 둘러보았습니다. 그는 의자 밑에 있는 그의 신발을 보았습니다. 그 남자는 의자 쪽을 향해서 기어갔습니다. 그는 사람들의 다리 사이로 그의 신발을 보았습니다. 그는 그의 손을 뻗었습니다. 그는 그 신발을 잡았습니다. 그러나 누군가 그 신발을 찼습니다. 그 신발은 밖으로 날아갔습니다. 그는 창문을 통해서 그의 신발을 보았습니다.

Paragraph 5

그는 고개를 들었습니다. 그리고 몸을 일으켰습니다. 그는 그의 긴 여행을 위해서 그 신발이 필요했습니다. 사람들은 그의 신발에 주의를 기울이지 않았습니다. 모두가 그저 그들의 긴 여행을 위해서 안전한 자리를 원할 뿐이었습니다. 그는 벽을 따라서 그의 몸을 움직였습니다.

주어 + 동사 (+ 목적어) + **전치사**

Paragraph 4

He _____ _____. ___ ____ ____ _____ _____ a chair. The _____ _____ _____ the _____. ___ ____ ___ ____ _____ people's _____. He _____ _____ his _____. He _____ the _____, but _____ _____ the _____. The _____ _____ _____. He ___ ___ _____ _____ the _____.

Paragraph 5

____ _____ his _____ and _____ _____. He _____ the _____ for ____ _____ _____. _____ didn't ____ _____ ____ his _____. _____ just _____ a _____ _____ ___ their _____ _____. ___ _____ his _____ _____ the _____.

Go on to the 149 page

Story Writing

Paragraph 6

그는 문을 내려왔습니다. 바로 그때, 기차가 움직였습니다. 그는 시간이 없다는 것을 알았습니다. 그는 기차에서 내리지 않았습니다. 그는 땅바닥에 있는 그 신발을 포기했습니다. 그는 잠시 동안 생각했습니다. 그리고 그의 오른쪽 신발을 벗었습니다. 그는 몸을 구부려서 아무런 망설임 없이 그것을 창밖으로 던졌습니다. 그 신발은 땅바닥에 있는 그의 왼쪽 신발 근처에 떨어졌습니다. 그는 창밖으로 신발을 던진 후에 벽에 기대어서 앉았습니다.

Paragraph 7

기차 안에 있던 한 남자가 그것을 보았습니다. "당신은 뭐하는 거요? 당신은 신발 없이 여행할 거요? 아니면 당신은 신발이 필요 없나요? 당신은 여분의 신발 한 켤레를 가지고 있나요? 당신은 대륙을 가로질러서 여행할 텐데." 그 남자는 물었습니다. "이걸 상상해 보세요. 어떤 가난한 사람이 왼쪽 신발을 주워요. 당신은 그가 단지 신발 하나를 가지고 무엇을 하리라고 생각하세요? 아마도 그는 오른쪽 신발을 필요로 하겠지요." 그는 미소를 띠며 말했습니다. 그는 아무 일도 없었던 것처럼 행동했습니다. 나중에 사람들은 그를 "간디"라고 불렀습니다.

Paragraph 6

___ ___ ___ the ___ . ___ ___ , the ___ ___ . ___ ___ ___ didn't ___ ___ . ___ didn't ___ ___ the ___ . ___ ___ ___ the ___ on ___ ___ . ___ ___ ___ a ___ and ___ ___ his ___ shoe. ___ ___ ___ and ___ ___ out the ___ ___ ___ ___ . The shoe ___ ___ ___ ___ shoe ___ ___ ___ . ___ ___ ___ the ___ ___ he ___ the ___ out the ___ .

Paragraph 7

___ ___ ___ the ___ ___ it. "___ are ___ ___ ? ___ you ___ ___ ___ ___ shoes? Or ___ don't ___ ___ ? Do ___ ___ an ___ ___ of shoes? You ___ ___ ___ ___ ___ the ___ ." the man ___ . "___ this! A ___ ___ ___ up the ___ ___ . ___ do you think ___ ___ ___ ___ ___ ___ just ___ shoe? ___ he ___ the ___ ___ ." ___ ___ ___ a smile. ___ ___ ___ ___ ___ . ___ people ___ him "___ ".

Go on to the 149 page

Review Sentence Writing

1   나는 5번가에 있는 그 레스토랑을 알고 있다.
    _____

2   Alice는 백화점에서 그 신발을 구입했습니다.
    _____

3   나의 오빠는 California로 떠났습니다.
    _____

4   이 사진에서 네가 잘 나왔네.
    _____

5   그가 이것을 공짜로 줬어.
    _____

6   그 타이는 그와 어울리지 않아.
    _____

Word Tips 1. on 5th street   2. bought, department store   3. left for   4. look good/great/fine   5. for free/nothing   6. not go with

7 나는 칼에 손가락을 베었다.
___

8 나는 너에 대해 모른다.
___

9 너는 토요일 오후에 시간 있니?
___

10 그는 지금 근무 중이다.
___

11 Michel은 책상 밑에서 고양이를 발견했습니다.
___

12 편히 있으세요.
___

13 그녀는 오후 1시에서 2시 사이에 메시지를 보냈습니다.
___

14 나는 이것을 인터넷으로 주문했다.
___

Word Tips 7. cut, on 8. know about 9. time, on 10. duty, at present 11. found, under 12. Make yourself
13. between ~ and ~   14. ordered, in

15 나는 이 옷을 여름 염가 판매 때 구입했다.

16 Sarah는 한국으로부터 온 김치를 좋아합니다.

17 나는 6시에 일어난다.

18 이것이 오늘의 특별메뉴인가요?

19 나는 생선에 알레르기가 있다.

20 나는 그곳에 그녀와 함께 갔다.

Word Tips 15. purchased, on 16. from 17. wake up 18. a special (menu) for 19. allergic, to 20. went, with

Story Three

문법이 쉬운 만큼 사용하기 어려운
Be동사

문법이 쉬운 만큼 사용하기 어려운
Be동사

1 be동사의 수와 종류

'am, are, is, was, were, be' 6가지가 있다.

2 be동사의 사용

주어에 따라서 뒤에 오는 be동사가 결정된다.

주어 +	be동사(현재 / 과거)
I	am / was
You	are / were
He, She, It, The car, Jane, A person (3인칭 단수)	is / was
They, The cars, People (3인칭 복수)	are / were

3 be동사의 뜻

(1) ~이다 ——————과거——————▶ ~이었다

You are attractive. 너는 매력적이다.
You were attractive. 너는 매력적이었다.

(2) ~있다 ——————과거——————▶ ~있었다

I am in the car. 나는 차 안에 있다.
I was in the car. 나는 차 안에 있었다.

(3) ~되다 ——————과거——————▶ ~되었다

● 사용빈도가 가장 적다. 왜냐하면 이미 영어에 '~되다'로 사용되는 'become'이 있기 때문이다.

You become a chairperson. 너는 회장이 되다.
You became a chairperson. 너는 회장이 되었다.

4 be동사의 사용

(1) You be quiet!
→ 강조해서 표현할 때 be동사의 'be'를 쓴다.
● 누구에게 이야기하는지 당연할 때 주어 'You'를 생략하고, 'Be quiet!'라고 한다.

(2) I want to be a teacher.
→ to부정사에서 'to' 뒤에는 동사 원형이 온다.

(3) Jane or I am responsible.
→ 'or'로 연결된 주어는 단수 취급하며, be동사에 가까운 주어에 맞추어서 be동사가 온다.

(4) Jane and I are responsible.
→ 'and'로 연결되는 주어는 복수 취급한다.

(5) Who is/are responsible?
→ 주어가 단수인지, 복수인지에 따라 둘 다 가능하다.

(6) Are you Korean?
→ be동사가 있는 의문문은 be동사를 문장 맨 앞으로 보낸다.

You are busy. → Are you busy?   It is expensive. → Is it expensive?

(7) I am not rich.
→ be동사가 있는 부정문은 be동사 뒤에 부정어 'not'을 쓴다.

He is not / isn't brave.   You are not / aren't cute.

5 be동사를 쓸 수 있는 위치

(1) 명사 앞에 쓸 수 있다.   He is my friend.
(2) 형용사 앞에 쓸 수 있다.   It is cheap.
(3) 전치사 앞에 쓸 수 있다.   I am in the class.
(4) 현재분사, 과거분사 앞에 쓸 수 있다.   He is seeing.
● be동사와 함께 진행형을 나타낸다.
He is cheated.
● be동사와 함께 수동태를 나타낸다.

 Preview the Story Sentence

1. 많은 사람들이 역 **안과 주위에** 있었습니다.

   Writing Tip 전치사 'in'은 '~안에' 그리고 'around'는 '~주위에'라는 뜻으로, '~안과 주위에'는 'in and around'가 된다.
   　　in and out 안과 밖　　in and near 안과 근처

   Word Tips　in and around, station

2. 그는 **마르고, 키가 작았습니다**.

   Writing Tip '마른'을 'thin'으로 나타낸다. 'slim'도 '마른'을 나타내지만, '날씬한'이라는 뜻을 포함하고 있다. 사람의 키가 작을 때는 'small'이라고 하지 않고, 'short'이라고 한다. 'small'은 체구가 작을 때 쓸 수 있다.

   Word Tips　thin, short

3. 그는 **균형**을 잃고, 바닥에 넘어졌습니다.

   Writing Tip 'balance'는 '균형, 평균'을 나타내기도 하지만, '은행의 잔고'를 나타내기도 한다.

   Word Tips　carefully, took steps, not to lose, balance

4. 그것들은 **그의 유일한 신발**이었습니다.

   Writing Tip '그의 유일한 신발'은 단어가 오는 순서 그대로, 그의 'his', 유일한 'only', 신발 'shoes', 그래서 'his only shoes'로 쓰면 된다.
   　　우리의 유일한 희망 our only hope
   　　그들의 유일한 기회 their only chance

   Word Tips　only, shoes

5 그 신발은 **그렇게 멀리** 있지 않았습니다.

___

Writing Tip '그렇게 멀리'는 'that far'로 나타낼 수 있다. 'so far'도 '그렇게 멀리'라는 뜻을 나타내지만, 그 거리가 대단히 멀다는 것을 전제로 하고 말하는 것이다.
I am not **that hungry**. 나는 **그렇게 배고프지** 않아요.
It is not **that difficult**. 그것은 **그렇게 어렵지** 않아요.
Was it **that big**? 그게 **그렇게 컸니**?

Word Tips   that far

6 당신 **여분의 신발 한 켤레를 가지고 있나요**?

___

Writing Tip 'a pair of shoes'는 '신발 한 켤레'라는 뜻이다. '여분의'라는 의미를 추가시키려면 'an extra pair of shoes'라고 'extra'를 추가하면 된다. 영어에서 간단한 질문은 문장의 끝 부분만 억양을 올려서 의문문으로 사용할 수 있다. 주로 일상생활에서 사용하는 casual한 의문문 말투이다.

Word Tips   have, an extra pair of

7 당신은 **대륙을 가로질러서 여행할 텐데**.

___

Writing Tip 'be going to'는 미리 계획해 놓았던 미래의 일을 나타내며, 'will'은 미래의 일에 대한 의지를 나타내기는 하지만, 계획해 놓았던 일을 나타낸다고는 할 수 없다. '~건너서'는 'across'라는 전치사를 쓴다. 간혹 'cross(~건너다)'라는 동사와 spell이 비슷해서 혼동하는 경향이 있으므로 조심해야한다. '대륙'은 'continent', 우리가 종종 들어온 'intercontinental'은 '대륙 간의'라는 뜻이다.

Word Tips   be going to, across, continent

8 그것들은 **더 이상** 내 신발이 **아니에요**.

___

Writing Tip 부정문에서 'anymore'는 '더 이상 ~아니다'라는 뜻을 나타낸다.
He **doesn't** live here **anymore**. 그는 더 이상 여기에 살지 않아요.
This **is not** mine **anymore**. 이것은 더 이상 나의 것이 아닙니다.
She **does not** go there **anymore**. 그녀는 더 이상 거기에 가지 않아요.

Word Tips   not my shoes, anymore

Go on to the 149 page

Story Writing

Paragraph 1

기차가 Zambia로부터 기차역에 도착했습니다. 이것은 Bombay행 마지막 기차였습니다. 찌는 듯이 더운 날씨에도 불구하고 사람들은 아침부터 이 기차를 기다렸습니다. 많은 사람들이 역 안과 주위에 있었습니다. 기차가 승강장에 멈추기 전에 사람들은 기차를 향해서 뛰었습니다. 사람들은 기차 주위에서 서로 밀치며, 소리를 질렀습니다. 모두가 피곤했기 때문에 그들은 자리를 위해서 내달렸습니다. 그들은 기차 안으로 뛰어들었습니다.

Paragraph 2

그들은 기차 옆과 뒤로부터 기어올랐습니다. 많은 사람들이 기차 위에 있었습니다. 그들은 지붕 위 여기저기에 앉았습니다. 그들 가운데 아이들이 있었습니다. 그 아이들은 그들의 부모와 함께 그곳에 앉아있었습니다. 몇몇은 기차의 문에 매달렸습니다.

Paragraph 1

The _____ _____ ___ the _____ _____ _____. It _____ the _____ _____ ___ _____. _____ _____ _____ _____ _____ people _____ _____ this _____ _____ the _____. Many people _____ ___ _____ _____ _____. _____ the _____ _____ ___ the _____, _____ _____ _____ the _____. People _____ and _____ ___ _____ _____ _____ the _____. _____ _____ was _____, they _____ _____ a _____. _____ _____ _____ the train.

Paragraph 2

_____ _____ ___ the _____ _____ _____ the _____ and _____ the _____. _____ _____ _____ ___ the _____. _____ ___ all _____ the _____ ___ the _____. _____ _____ _____ _____ them. The _____ _____ _____ _____ their _____. Some _____ ___ the _____ ___ the _____.

Go on to the 149 page

Story Writing

Paragraph 3

한 남자가 기차에 올라탔습니다. 그는 마르고, 키가 작았습니다. 사람들이 기차를 채웠습니다. 통로가 좁았기 때문에 그는 무엇인가에 발이 걸렸습니다. 그는 균형을 잃고, 바닥에 넘어졌습니다. 아무도 도와주거나 그에 대해서 관심을 가지지 않았습니다. 누군가 그의 왼쪽 발을 밟았습니다. 그는 그의 발을 뺐습니다. 그러나 그의 왼쪽 신발이 벗겨졌습니다. 그 남자는 그의 왼쪽 신발을 잃어 버렸습니다.

Paragraph 4

그는 둘러보았습니다. 그는 그의 신발을 보았습니다. 그것은 문 옆에 있었습니다. 그는 문쪽을 향해서 기어갔습니다. 그는 사람들의 다리 사이로 그의 신발을 보았습니다. 그는 그의 손을 뻗었습니다. 그는 그 신발을 잡았습니다. 그러나 누군가 그 신발을 찼습니다. 그 신발은 밖으로 날아갔습니다. 그는 창문을 통해서 그의 신발을 보았습니다. 그것은 땅바닥에 있었습니다.

주어 + 동사 (+ 목적어) + 전치사 + Be동사

Paragraph 3

A _____ _____ ___ the train. ___ _____ _____ and _____. People _____ the _____. _____ the _____ ____ _____, he _____ _____ _____. He _____ the _____ and _____ _____ ___ the floor. ___ ____ _____ or _____ _____ him. _____ _____ ___ his _____ _____. ___ _____ _____ his _____, but _____ _____ shoe _____ _____. The ____ _____ ____ _____ _____.

Paragraph 4

___ _____ _____. He _____ ____ _____. It ____ _____ ___ the _____. He _____ _____ the _____. He _____ ____ shoe _____ _____'s _____. He _____ _____ ____ _____. He _____ ____ shoe, but _____ _____ the _____. The _____ _____ ____. ___ ____ his shoe _____ ____ _____. It ____ ___ ____ _____.

Story Writing

Paragraph 5

그는 고개를 들었습니다. 그리고 몸을 일으켰습니다. 그는 땀을 흘렸습니다. 기차의 내부는 매우 더웠습니다. 그는 그의 긴 여행을 위해서 그 신발이 필요했습니다. 그 신발은 땅바닥에 놓여있었습니다. 사람들은 그의 신발에 주의를 기울이지 않았습니다. 모두가 바빴습니다. 모두가 그저 그들의 긴 여행을 위해서 안전한 자리를 원할 뿐이었습니다. 그는 벽을 따라서 그의 몸을 움직였습니다.

Paragraph 6

그는 문을 내려왔습니다. 그 신발은 그렇게 멀리 있지 않았습니다. 바로 그때, 기차가 움직였습니다. 그는 시간이 없다는 것을 알았습니다. 그는 기차에서 내리지 않았습니다. 그는 땅바닥에 있는 그 신발을 포기했습니다. 그는 잠시 동안 생각했습니다. 그리고 그의 오른쪽 신발을 벗었습니다. 그는 몸을 구부려서 아무런 망설임 없이 그것을 창밖으로 던졌습니다. 그 신발은 땅바닥에 있는 그의 왼쪽 신발 근처에 떨어졌습니다. 그것들은 그의 유일한 신발이었습니다. 그는 창밖으로 신발을 던진 후 벽에 기대어서 앉았습니다. 그는 침착하고, 조용했습니다.

Paragraph 5

___ _____ _____ _____ and _____ ___. He _____. _____ the _____ _____ so _____. He _____ _____ _____ _____ his _____ _____. The shoe _____ _____ _____ the _____. _____ didn't _____ _____ _____ ___ _____ _____. _____ was _____. _____ just _____ a _____ _____ _____ _____ _____ _____. He _____ _____ _____ _____ _____ _____.

Paragraph 6

___ _____ _____ the _____. The _____ _____ _____ _____. _____ _____, the _____ _____. ___ _____ he _____ _____ _____. He _____ ___ ___ the _____. ___ ___ ___ the _____ ___ the _____. He _____ _____ a _____ and _____ _____ his _____ _____. ___ _____ _____ and _____ ___ out the _____ _____ any _____. The shoe _____ _____ his left shoe ___ _____ _____. _____ _____ _____ _____ _____. He _____ _____ the _____ _____ he _____ the _____ _____ the _____. ___ _____ _____ and _____.

Go on to the 150 page

Story Writing

Paragraph 7

기차 안에 있던 한 남자가 그것을 보았습니다. "당신 뭐하는 거요? 그것들은 당신 게 아닌 가요? 당신은 신발 없이 여행할 거요? 아니면 당신은 신발이 필요 없나요? 당신은 여분의 신발 한 켤레를 가지고 있나요? 당신은 대륙을 가로질러서 여행할 텐데." 그 남자는 고개를 돌려서 물었습니다. "이걸 상상해 보세요. 어떤 가난한 사람이 왼쪽 신발을 주워요. 당신은 그가 단지 신발 하나를 가지고 무엇을 하리라고 생각하세요? 아마도 그는 오른쪽 신발을 필요로 하겠지요. 어쨌든, 그것들은 더 이상 내 신발이 아니에요." 그는 미소를 띠며 말했습니다. 그는 그에게 아무 일도 없었던 것처럼 행동했습니다. 그는 그의 얼굴을 닦았습니다. 그리고 창밖을 바라보았습니다. 나중에 사람들은 그를 "간디"라고 불렀습니다.

주어 + 동사 (+ 목적어) + 전치사 **+ Be동사**

Paragraph 7

A _____ __ the _____ ____ it. "_____ are ____ _____? Aren't _____ _____? _____ you _____ ___ _____ _____ shoes? Or ____ don't _____ _____? Do _____ _____ an _____ _____ of _____? You ____ _____ ___ _____ _____ the _____." the _____ _____ ____ _____ and _____. "_____ this! A _____ _____ _____ ___ the _____ _____. What do ____ _____ ___ ___ to do _____ _____ one shoe? _____ ___ _____ the _____ _____. ___ _____ _____, _____ _____ not ____ _____ _____." ____ _____ _____ a _____. ___ _____ _____ nothing _____ ___ him. ___ _____ _____ _____ and _____ ____ the _____. _____ _____ _____ _____ "_____".

Go on to the 150 page

Review Sentence Writing

1   이것은 John으로부터 온 선물입니다.

2   너는 지금 어디 가니?

3   그 벌레들은 집 안과 주변에 있습니다.

4   나는 어제 그곳에 있었다.

5   나는 파트너 없이 할 거야.

6   나는 그곳에 혼자 갈 겁니다.

Word Tips 1. gift from   2. are you going   3. insects, in and around   4. was there   5. am going to do, without   6. am going to go

7   방 안에 아무도 없었습니다.
_____

8   상자 안에 있는 반지는 작고, 예뻤습니다.
_____

9   그 고양이는 문 뒤에 없었습니다.
_____

10   그 물은 따뜻했습니다.
_____

11   그 의자는 불편했습니다.
_____

12   이 페이지의 문제는 풀기 어렵습니다.
_____

13   그것은 나에게 있어서는 해결책이 아니었습니다.
_____

14   Peter는 내 자동차 바로 옆에 있었습니다.
_____

Word Tips 7. No one, in   8. ring, in   9. behind   10. warm   11. uncomfortable   12. in, difficult   13. solution, for   14. right, next to

15 오늘의 특별 요리는 파스타 입니다.
_____

16 그 여름 별장은 크고, 깨끗했습니다.
_____

17 나는 그것에 대해서 긍정적이다.
_____

18 비가 억수같이 내리고 있어요.
_____

19 그것은 새빨간 거짓말입니다.
_____

20 나는 내과 의사가 아닙니다. 나는 외과 의사입니다.
_____

Go on to the 150 page

Word Tips 15. Today's special   16. summer house   17. positive, about   18. cats and dogs   19. downright lie   20. physician, surgeon

Story Four

동사에 더하고, 보태는 역할
부사

동사에 더하고, 보태는 역할
부사

1. 부사(Adverb)의 정의

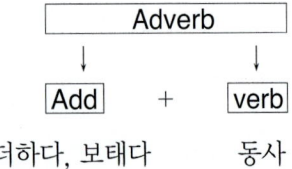

더하다, 보태다   동사

▶ 동사에 더하고, 보태는 역할

2. 부사의 종류

(1) 부사는 형용사에 '-ly'를 붙여서 만든다.

형용사 kind → 부사 kindly   형용사 warm → 부사 warmly
형용사 perfect → 부사 perfectly   형용사 beautiful → 부사 beautifully

(2) 단어 자체가 부사

sometimes, always, never, often, …

3. 부사의 위치

(1) 동사와 가능한 가까운 앞 또는 뒤에 위치한다.

부사 동사 부사

She is always busy.
➡ 부사는 be동사 뒤에 위치한다.

I always go there.
➡ 부사는 일반 동사 앞에 위치한다.

(2) 문장에서 부사의 위치는 자유롭다.

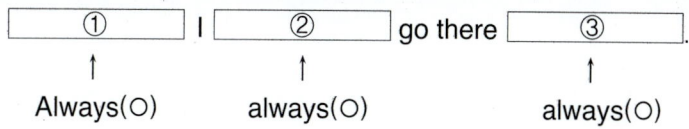

① Always I go there.: 영어는 중요하고, 강조할 것을 앞으로 보내므로 'Always'를 강조하는 의미가 된다.
② I always go there.: 일반 동사 'go'에 뜻을 더하고, 보태는 의미가 된다.
③ I go there always.: 부연설명의 의미가 된다.

(3) 부사는 명사 앞에 올 수 없다.

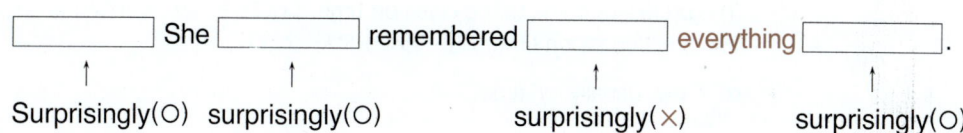

● 형용사 우선의 법칙: 명사는 형용사와 함께 쓰이기 좋아하고, 명사와 형용사가 함께 쓰이면 함께 움직인다.

a book + good → a good book   the people + nice → the nice people
명사   형용사   명사   형용사

4 부사의 성격

(1) 동사에 더하고, 보태는 역할

Tom perfectly finished the job.

(2) 형용사에 더하고, 보태는 역할

I am extremely happy.

➡ 부사는 형용사에 '-ly'를 붙여서 만들어지므로, 같은 성격을 지닌 형용사를 꾸미는 것은 당연하다.

(3) 부사에 더하고, 보태는 역할

He speaks English very well.

● '꾸며줌, 수식함, 도와줌'의 의미는 가까이 쓴다는 것이다.

# Preview the Story Sentence

1   그 기차는 **평소에는 정시에 왔습니다**.

Writing Tip 'usually'는 습관처럼 반복되는 일을 나타낸다. '정시'는 'on time'으로 표현하며, 주로 문장 뒤에 쓰인다.
    The movie starts **on time**. 그 영화는 정시에 시작한다.
    The professor came to the class **on time**. 그 교수는 정시에 교실에 들어왔다.
    He didn't come **on time**. 그는 정시에 오지 않았다.

Word Tips   usually, on time

2   사람들은 아침부터 이 기차를 **끈기 있게 기다렸습니다**.

Writing Tip 부사의 위치는 자유롭다. 따라서 부사 'patiently'를 문장 맨 앞, 맨 뒤에도 쓸 수 있다. '~을 기다리다'는 항상 전치사 'for'와 함께 'wait for'로 나타낸다.

Word Tips   patiently, wait for, from the morning

3   사람들은 **그들의 일을 위해서 빈번히** 기차를 이용했습니다.

Writing Tip 빈도를 나타내는 부사 'frequently'는 10번에 9번 정도의 빈도로, 거의 'always' 수준이라고 할 수 있다. '~을 위하여'는 전치사 'for'의 전형적인 표현이다. '그들의 일'은 복수 'their works'로 나타낼 수도 있고, 단수 'their work'로 나타낼 수도 있다.

Word Tips   frequently, used, for, their work

4   사람들은 **서로 거칠게 밀치며, 소리를 질렀습니다**.

Writing Tip 'pushed'한 방향과 'shouted'한 방향을 표시하기 위해서는 방향을 나타내는 전치사 'to'가 반드시 있어야한다. 둘 사이의 서로는 'each other', 셋 이상 사이의 서로는 'one another'로 나타낸다.

Word Tips   aggressively(violently), pushed, to, one another

5 많은 사람들이 이미 그 **기차** 위에 있었습니다.

Writing Tip 기차는 여러 사람이 함께 사용하는 공공의 물건이기 때문에 정관사 'the' 와 함께 쓴다.
   the restroom 공중변소   the public phone 공중전화

Word Tips already, on the train

6 그는 그 신발에 **거의 도달했습니다**.

Writing Tip '거의' 를 나타내는 'almost' 대신 'nearly' 나 'be about to' 를 써도 같은 내용을 전달할 수 있다. '~에 도달하다, 닿다' 는 동사 'reach' 로 나타낸다. 동사 'touch(건드리다)' 도 같은 의미를 전달할 수 있지만, 동사 'approach(접근하다)' 와는 혼동하지 않도록 주의하자.

Word Tips almost, reach

7 그는 그의 긴 여행을 위해서 그 신발이 **꼭** 필요했습니다.

Writing Tip '분명히, 명백히' 를 표현할 때 'obviously' 를 사용한다. 같은 내용을 전달하기 위해서 'no doubt' 또는 'of course' 를 사용할 수 있다. 'a long trip' 은 한 단어 'travel' 로 바꾸어 나타낼 수 있다.
   ~로 여행을 하다 **make a trip to~**

Word Tips obviously, long trip

8 사람들은 마지못해 그를 위해서 **길을 양보했습니다**.

Writing Tip '길을 비켜주다' 는 'make way for' 로 나타낸다. 전치사 'for' 를 쓰지 않은 'make way' 는 '나아가다, 진보하다' 라는 뜻이 된다.

Word Tips reluctantly, made way, for him

Go on to the 150 page →

Story Writing

Paragraph 1

마지막 기차가 Zambia로부터 천천히 기차역에 도착했습니다. 그 기차는 평소에는 정시에 왔지만 오늘은 늦었습니다. 이것은 Bombay행 마지막 기차였습니다. 찌는 듯이 더운 날씨에도 불구하고 사람들은 아침부터 이 기차를 끈기 있게 기다렸습니다. 사람들은 그들의 일을 위해서 빈번히 기차를 이용했기 때문에 많은 사람들이 역 안과 주변에 있었습니다. 더욱이 사람들은 그들의 장거리 여행을 위해서 기차를 자주 탔습니다. 기차가 승강장에 멈추기 전에 그 사람들은 서둘러서 기차를 향해서 뛰었습니다. 사람들은 기차 주위에서 서로 거칠게 밀치며, 소리를 질렀습니다. 모두가 피곤했기 때문에 그들은 자리를 위해서 내달렸습니다.

Paragraph 2

그들이 기차 안으로 뛰어 들어가는 동안에 어떤 사람들은 기차 옆과 뒤로부터 기어올랐습니다. 많은 사람들이 이미 기차 위에 있었습니다. 그들은 지붕 위 여기저기에 앉았습니다. 그들 가운데 아이들이 있었고, 그 아이들은 그들의 부모와 함께 그곳에 앉아있었습니다. 몇몇은 기차의 문에 필사적으로 매달렸습니다.

주어 + 동사 (+ 목적어) + 전치사 + Be동사 **+ 부사**

Paragraph 1

_____ the _____ _____ _____ ___ the _____ _____ _____. The _____ _____ _____ ___ _____, but it _____ _____ _____. ___ ___ the _____ _____ to _____. _____ the _____ ____ _____, people _____ _____ ____ this _____ _____ the _____. _____ _____ _____ _____ the _____ for _____ _____, _____ _____ _____ in _____ _____ _____ _____. _____, _____ often _____ the _____ for _____ _____-_____ _____. _____ the _____ _____ ___ the _____, the _____ _____ _____ _____ the _____. _____ _____ _____ and _____ ___ _____ _____ _____ the train. _____ _____ _____ _____, _____ _____ _____ a _____.

Paragraph 2

_____ _____ ___ _____ the _____, _____ _____ _____ to ___ ____ ____ ____ and ____ of ___ _____. _____ _____ _____ _____ on ___ _____. _____ ____ ____ _____ the _____ on ___ _____. _____ _____ _____ _____ _____ and the _____ ____ _____ _____ their _____. _____ _____ _____ ___ the _____ ___ the _____.

Story Writing

Paragraph 3

한 남자가 기차에 올라탔습니다. 그는 마르고, 키가 작았습니다. 그가 막 올라탔을 때 사람들은 이미 기차를 빽빽하게 채웠습니다. 통로가 너무 좁았기 때문에 그는 실수로 무엇인가에 발이 걸렸습니다. 그는 균형을 잃고, 바닥에 넘어졌습니다. 아무도 도와주거나 그에 대해서 관심을 가지지 않았습니다. 누군가 그의 왼쪽 발을 세게 밟았습니다. 그는 얼른 그의 발을 뺐습니다. 다행히도 그는 다치지 않았지만, 그의 왼쪽 신발이 벗겨졌습니다. 그 남자는 그의 왼쪽 신발을 잃어 버렸습니다.

Paragraph 4

그는 둘러보았습니다. 그는 그의 신발을 보았습니다. 그것은 바로 문 옆에 있었습니다. 그는 문 쪽을 향해 기어갔습니다. 그는 사람들의 다리 사이로 그의 신발을 보았습니다. 그는 조심스럽게 그의 손을 뻗었습니다. 그가 그 신발에 거의 도달했을 때 누군가 실수로 그 신발을 찼습니다. 그 신발은 밖으로 날아갔습니다.

주어 + 동사 (+ 목적어) + 전치사 + Be동사 + 부사

Paragraph 3

A ____ ____ __ the _____. __ ____ ____ and _____. __ ____ ____ __ ____ on, _____ have _____ _____ the _____ _____. _____ the _____ ____ ____ ____ _____, he _____ ____ ____ _____. __ ____ ____ _____ and ____ on ____ _____. __ ____ _____ or ____ _____ him. _____ _____ _____ on ____ _____. __ _____ _____ ___ his foot. _____ __ wasn't ____, but ____ ____ ____ ____ off. The ____ ____ ____ ____ ____.

Paragraph 4

___ _____ _____ _____. __ ___ ____ shoe. __ ___ _____ ____ to ____ ____. __ _____ ____ ____ ____. He ___ ___ ____ _____ _____'s ____. __ _____ _____ ____ his ____. ____ he ____ _____ the ____, _____ _____ _____ the ____. The shoe ____ ____.

Go on to the 151 page

Story Writing

Paragraph 5

그는 고개를 들었습니다. 그리고 몸을 일으켰습니다. 그는 땀을 흘렸습니다. 기차의 내부는 매우 더웠습니다. 그는 창문을 통해서 그의 신발을 보았습니다. 그것은 땅바닥에 있었습니다. 그는 그의 긴 여행을 위해서 그 신발이 꼭 필요했습니다. 그 신발은 땅바닥에 무관심하게 놓여있었습니다. 사람들은 그의 신발에 주의를 기울이지 않았습니다. 모두가 매우 바빴습니다. 모두가 그저 그들의 긴 여행을 위해서 안전한 자리를 간절히 원할 뿐이었습니다. 그가 벽을 따라서 그의 몸을 움직일 때 사람들은 마지못해 그를 위해서 길을 양보했습니다.

Paragraph 6

그는 거의 문을 내려왔습니다. 바로 그때, 기차가 갑자기 움직였습니다. 비록 그 신발이 그렇게 멀리 있지 않았지만, 그는 충분한 시간이 없다는 것을 알았습니다. 그는 기차에서 내리지 않았습니다. 그는 땅바닥에 있는 그 신발을 포기했습니다. 그는 잠시 동안 생각했습니다. 그리고 그는 즉시 그의 오른쪽 신발을 벗었습니다. 그는 몸을 구부려서 아무런 망설임 없이 그것을 창밖으로 쉽게 던졌습니다. 그 신발은 땅바닥에 있는 그의 왼쪽 신발 근처에 떨어졌습니다. 그것들은 말할 것도 없이 그의 유일한 신발이었습니다. 그는 신발을 던진 후 조용히 벽에 기대서 앉았습니다. 그는 침착하고, 조용했습니다.

주어 + 동사 (+ 목적어) + 전치사 + Be동사 + 부사

Paragraph 5

___ _____ his _____ and _____ ____. ____ _____. _____ ____ _____ ____ ___ ____. __ _____ his _____ _____ the _____. ___ _____ ___ the _____. He _____ _____ ____ _____ for ____ _____ _____. ____ _____ _____ _____ _____ the _____. _____ _____ _____ ____ his shoe. _____ was _____ _____. _____ _____ _____ a _____ _____ for _____ _____ _____. ___ he _____ ____ _____ _____ the _____, _____ _____ _____ _____ ____ him.

Paragraph 6

___ _____ _____ _____ the _____. _____ _____, the _____ _____ _____. _____ _____ the ____ _____ _____ ____, he _____ he _____ _____ _____ time. ___ _____ ____ ____ the _____. __ _____ ____ the _____ ____ ____ _____. ___ _____ _____ a _____ and _____ _____ ____ his _____ shoe. He _____ ____ and _____ _____ it ____ the _____ _____ any _____. The ____ _____ near ____ _____ _____ _____. _____ were _____ __ ____ his _____ _____. _____ he _____ the _____, ____ _____ _____ _____ _____ _____. ___ _____ _____ and _____.

Go on to the 151 page

Story Writing

Paragraph 7

기차 안에 있던 한 남자가 그것을 보았습니다. "당신 뭐하는 거요? 그것들은 당신 게 아닌가요? 나는 당신이 여분의 신발 한 켤레를 가지고 있든 없든 관심 없소. 당신은 대륙을 가로질러서 여행할 텐데. 당신, 당연히 그거 알지요." 그 남자는 그에게 고개를 돌려서 퉁명스럽게 물었습니다. "이걸 상상해 보세요. 어떤 가난한 사람이 우연히 왼쪽 신발을 주워요. 당신은 그가 단지 신발 하나를 가지고 도대체 무엇을 하리라고 생각하세요? 만일 그가 아무 신발도 가지고 있지 않다면, 그는 틀림없이 오른쪽 신발을 필요로 하겠지요. 어쨌든, 그것들은 더 이상 내 신발이 아니에요." 그는 미소를 띠며 조용히 말했습니다. 그는 그에게 아무 일도 없었던 것처럼 행동했습니다. 그는 그의 얼굴을 부드럽게 닦았습니다. 그리고 창밖을 바라보았습니다. 나중에 사람들은 그를 "간디"라고 불렀습니다.

주어 + 동사 (+ 목적어) + 전치사 + Be동사 **+ 부사**

Paragraph 7

A ____ __ ___ _____ ____ it. "_____ ____ ___ _____? ____ ____ _____? _ don't ____ _____ you ____ an _____ ____ __ _____ or ____. ___ are _____ __ _____ _____ the ____ _____. ____, of course, _____ _____." the ___ _____ ___ _____ __ ____ and _____ _____. "_____ _____! A _____ _____, __ _____, _____ up the _____ _____. _____ do ____ _____ ____ __ _____ _____ __ do ____ ____ one ____? __ __ _____ ____ any _____, __ will _____ ____ the _____ _____. __ ____ ____, _____ ____ not ___ _____ _____." he _____ _____ ____ a _____. __ _____ _____ _____ _____ __ him. __ ____ _____ his ____ and _____ ___ the _____. _____, _____ _____ ____ "_____".

Go on to the 151 page

Review Sentence Writing

1 Wilson 부부는 평소에는 8시에 귀가합니다.
_____

2 우리는 그 문제에 대해 진지하게 토론했습니다.
_____

3 아마도 네가 맞을 거야.
_____

4 너는 그에 대해서 거의 모르잖아.
_____

5 그는 염려스럽게 그 결과를 기다렸습니다.
_____

6 그들은 명백하게 다릅니다.
_____

Word Tips 1. usually 2. seriously 3. Probably 4. barely 5. anxiously 6. obviously

7 　사실 나는 거기에 갈 수 없었어.
_____

8 　Kenny는 언덕너머 필사적으로 달렸습니다.
_____

9 　다행스럽게도 너는 제때에 도착했다.
_____

10 　게다가 그곳에는 3명이 더 있었습니다.
_____

11 　피고는 솔직하게 인정했습니다.
_____

12 　저 점원은 공손하게 대답하는군.
_____

13 　갑자기 천장에서 램프가 떨어졌습니다.
_____

14 　창문을 통해서 바람이 부드럽게 불어옵니다.
_____

Word Tips 7. Actually 8. desperately 9. Fortunately 10. Moreover, more 11. honestly 12. politely
13. Suddenly 14. softly

15 그 기계는 **극도로** 위험합니다.
___

16 그녀는 **재빨리** 고개를 돌렸습니다.
___

17 **결국** 그들은 10년 후에 만났습니다.
___

18 그는 **쉽게** 결승점을 통과했습니다.
___

19 **개인적으로** 말하자면, 나는 그것을 그다지 좋아하지 않아.
___

20 나는 **정말** 그것에 대해서 신경을 쓰지 않아.
___

Word Tips 15. extremely 16. quickly 17. Finally 18. easily 19. Personally 20. really

Story Five

동사의 명사화
To 부정사
& In order to

동사의 명사화
To부정사 & In order to

1 to부정사가 만들어진 이유

(1) 동사의 명사화

동사	명사화	동사	명사화
공부하다	공부하는 것	study	to study
일하다 + '~는 것' →	일하는 것	work + 'to' →	to work
만나다	만나는 것	meet	to meet

▶ 명사를 새롭게 만들지 않고, 동사를 명사로 만들 수 있는 가장 빠른 방법이다.

(2) to부정사라는 이름의 정의

의미의 부(不)정(定)확성	: 'to' 뒤에 어떤 의미의 동사가 새로 생겨날지 알 수 없다.
수의 부(不)정(定)확성	: 'to' 뒤에 오는 동사의 정확한 개수를 알 수 없다.

부정(不定)사 + 'to'와 함께 쓰인다. → to부정사

2 문장에서 to부정사의 활용

(1) to부정사는 동사를 명사화한 것이므로 문장에서 명사의 위치에 올 수 있다.

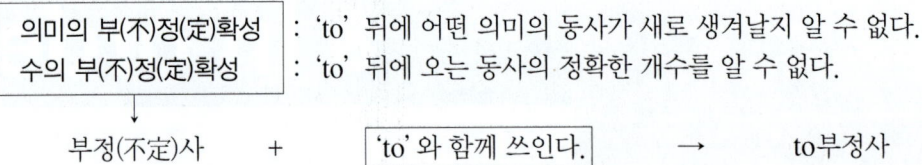

명사	동사	명사	전치사 + 명사
To study(○)	is	our responsibility.	
I	like	to study.(○)	
We	talk		about to study.(×)

(2) to부정사는 전치사 뒤에 올 수 없다.

　I object to to meet him.

➡ to부정사의 'to'는 전치사 'to'의 spell을 그대로 사용하기 때문에 전치사 'to' 뒤에 to부정사를 쓰면 모양이 똑같은 전치사 'to'와 to부정사의 'to'가 반복된다.

(3) 반복을 피하는 방법

to부정사의 '~는 것'이라는 의미를 지닌 'to'를 생략하면, 하나의 문장에 두 개의 동사가 생길뿐 아니라, '~는 것'이라는 해석이 빠져 올바르게 해석을 할 수 없게 된다.

I	object	to	~~to~~ meet	him. (×)
나는	반대한다	~에	만나다	그를

- to부정사 이외의 '~는 것'이라는 의미를 지니며, 전치사 뒤에 쓸 수 있는 새로운 말을 만들어야 한다.

3 'in order to(~을 하기 위하여)'와 'to(~는 것)'의 구별

I woke up at six ~~in order~~ to go to my friend's house. I took a taxi ~~in order~~ to go to my friend's house on time. I called my friend ~~in order~~ to talk to him.

➡ 'in order to'가 계속 반복되어 반복을 아주 싫어하는 영어에서 활용이 꺼려지므로, 'in order to'에서 'in order'을 생략하고, 'to'만 사용한다. 외형상으로는 어떤 것이 to부정사의 'to(~는 것)'인지, 어떤 것이 in order to의 'to(~을 하기 위하여)'인지 구별할 수 없다.

(1) 문장 속에서 해석을 통해 구별할 수 있다.

I came here to paint. 나는 그림을 그리기 위하여 여기에 왔습니다.
I want to paint. 나는 그림 그리는 것을 원합니다.

➡ '~하기 위하여'와 '~는 것' 두 가지 중 한 가지 방법으로만 해석이 가능하다.

(2) 문장 속에서 'to' 이하를 생략했을 때 위치를 통해 구별할 수 있다.

I came here ~~to paint.~~ 문법(O), 내용전달(O)
~~To paint~~ I came here. 문법(O), 내용전달(O)

➡ '~하기 위하여'의 'in order to'는 생략해도 문장에 영향을 주지 않으며, 문장의 앞·뒤에 모두 쓸 수 있다.

I want ~~to paint.~~ 문법(O), 내용전달(×)
~~To paint~~ I want. 문법(O), 내용전달(×)

➡ '~는 것'의 to부정사는 생략하면 문법적인 실수가 나타나며, 주어와 목적어로만 쓰이는 위치의 제약이 있다.

4 to부정사의 부정

She promised not to call him.

➡ to부정사 앞에 부정어를 쓴다.

 # Preview the Story Sentence

1   사람들은 **아침부터** 이 기차를 **타기위해서** 끈기 있게 기다렸습니다.

Writing Tip '~을 타기 위하여'는 '(in order) to take'로 나타낸다. 'to get'을 써도 되지만 'to take'가 더 정식적인 표현이다. '아침부터'는 'from the morning'으로, 한국말에서 'the'를 해석하지 않기 때문에 'the'를 자주 빠뜨리므로 주의해야한다.

Word Tips patiently, to take, from the morning

2   사람들은 **도시에서** 일하기 위해서 빈번히 이 기차를 **이용했습니다**.

Writing Tip 우리가 일반적으로 사용하는 연필, 컴퓨터, 사전뿐 아니라, 눈에 보이지 않는 추상적인 것과 교통수단도 동사 'use'로 '사용하다' 라는 뜻을 나타낸다.
    Use the experience!   Use the idea!
'도시에서' 라고 표현할 때는 '~에서'의 뜻을 나타내는 전치사 'at'을 쓴다.
    in the city 도시 안에서   near the city 도시 근처에

Word Tips frequently, used, to work, at the city

3   어떤 사람들은 **얼마의 공간**이라도 찾기 위해서 기차의 **옆과 뒤**로부터 기어올랐습니다.

Writing Tip '옆과 뒤'는 'side and back'으로 표현한다. 마찬가지로 '앞과 뒤'는 'front and back' 또는 'front and rear'로 표현할 수 있다. 'space'는 셀 수 있는 명사로, '약간의, 얼마간의 공간' 이라고 표현하려면, 앞에 'some'을 붙여 'some spaces'로 표현할 수 있다.

Word Tips climbed, side and back, to find, spaces

4   그는 쉽게 걷기위해서 벽 쪽으로 그의 몸을 **옮겼습니다**.

Writing Tip 동사 'shift'는 '물건을 옮기다' 라는 뜻도 있지만, '방향을 바꾸다' 라는 뜻이 더 강하다. 대부분의 경우 바꾸는 방향을 나타내는 전치사 'to(~로, ~에)'와 함께 쓰인다.

Word Tips shift, to the wall, to walk, easily

5   그는 **또** 밟히는 것을 피하기위해서 얼른 그의 발을 뺐습니다.

___

Writing Tip 'another(다른 하나, 또 다른)' 는 항상 단수로 쓰이지만, 뒤에 복수 명사를 쓸 수 있다.
  another two hours 두 시간 더   **another** three people 세 사람 더

Word Tips quickly, pulled out, to avoid, another, steeping

6   그는 그 신발을 찾기 위해서 고개를 **숙이고**, 바닥을 둘러보았습니다.

___

Writing Tip 동사 'drop' 은 물건이 떨어지는 것 외에 고개를 숙이거나, 일을 그만 두는 경우에도 사용할 수 있다.

Word Tips dropped, looked around, to find

7   그는 그의 신발을 **잡기위해서** 조심스럽게 그의 손을 **뻗었습니다**.

___

Writing Tip 몸이나 물건을 펴는 경우 'stretch' 로 표현한다. 그러나 손이나 가지가 뻗어나가는 모습을 나타낼 때는 'stretch out' 이라고 표현한다.
  to **grab** ~을 잡기 위해서
  to **take** ~을 가지거나 취하기위해서
  to **catch** ~의 움직임이나 경로를 중간에 끊어 가지는 것
  to **get** ~을 얻기 위해서

Word Tips carefully, stretched out, to grab

8   당신은 이곳에서 여행의 어려움을 과소평가하는 것**처럼 보이는군요**.

___

Writing Tip 'seem to' 와 'look' 은 '~처럼 보이다' 는 뜻을 나타낸다. 그러나 'seem to' 는 느낌이나 추측으로 판단할 때 '~처럼 보이는 것' 을 나타내며, 'look' 은 직접 눈으로 보기에 '~처럼 보이는 것' 을 나타낸다.
  look happy 웃고 있는 것을 직접 눈으로 볼 때
  seem to unhappy 무엇인가 어두운 기색을 느낄 때

Word Tips seem to, underestimates, toughness of, travel

Go on to the 152 page

Story Writing

Paragraph 1

기차가 Zambia로부터 Bombay까지 가기 위해서 천천히 기차역에 도착했습니다. 그 기차는 평소에는 정시에 왔지만, 오늘은 조금 늦었습니다. 이것은 Bombay행 마지막 기차였습니다. 찌는 듯이 더운 날씨에도 불구하고 사람들은 아침부터 이 기차를 타기 위해서 끈기 있게 기다렸습니다. 사람들은 도시에서 일하기위해서 빈번히 이 기차를 이용했습니다. 더욱이 사람들은 국토를 가로질러 여행하기위해서 기차를 자주 탔습니다. 많은 사람들이 역 안과 주변에 있었습니다. 기다리는 것은 그들에게 일상사였습니다. 기차가 승강장에 멈추자마자 사람들은 자리를 잡기위해서 서둘러서 기차를 향해서 뛰었습니다. 모두가 피곤했기 때문에 그들은 자리를 위해서 내달렸습니다. 사람들은 기차 주위에서 서로 거칠게 밀치며, 소리를 질렀습니다.

주어 + 동사 (+ 목적어) + 전치사 + Be동사 + 부사 **+ to부정사/in order to**

Paragraph 1

The _____ _____ _____ _____ _____ at ____ _____ ___ ___ to _____. The _____ _____ ____ ___ ____, but ___ ____ a _____ ___ _____. __ ___ the ____ _____ to _____. _____ the _____ ___ _____, _____ _____ _____ ___ ____ this _____ ____ the _____. _____ _____ ____ _____ to ____ __ the _____. _____, _____ _____ _____ the _____ __ _____ _____ the _____. ____ _____ _____ __ and _____ the _____. __ ____ was _____ _____ for _____. __ _____ __ the _____ _____ at the _____, __ ____ _____ __ _____ the _____ __ ____ a ____. _____ _____ ___ _____, ____ _____ _____ a ____. _____ _____ _____ and _____ to ____ _____ _____ the _____.

Go on to the 152 page

Story Writing

Paragraph 2

그들이 기차 안으로 뛰어 들어가는 동안에 어떤 사람들은 얼마의 공간이라도 찾기 위해서 기차의 옆과 뒤로부터 기어올랐습니다. 많은 사람들이 이미 기차 위에 있었습니다. 지붕 위에 앉는 것은 안전하지 않았습니다. 그러나 그들은 지붕 위 여기저기에 앉았습니다. 그들 가운데 아이들이 있었고, 그 아이들은 기차로부터 떨어지지 않기 위해서 그들의 부모와 함께 그곳에 앉아있었습니다. 몇몇은 이 기차를 놓치지 않기 위해서 기차의 문에 필사적으로 매달렸습니다.

Paragraph 3

한 남자가 기차에 올라탔습니다. 그는 마르고, 키가 작았습니다. 그가 막 올라탔을 때 사람들은 이미 기차를 빽빽하게 채웠습니다. 사람들을 뚫고 지나가는 것은 곤란했습니다. 통로가 너무 좁았기 때문에 그는 그의 균형을 잃지 않기 위해서 조심스럽게 발을 내딛었습니다. 그는 쉽게 걷기위해서 벽 쪽으로 그의 몸을 옮겼습니다. 바로 그 순간에, 그는 실수로 무엇인가에 발이 걸렸습니다. 그는 균형을 잃고, 바닥에 넘어졌습니다. 아무도 도와주거나 그에 대해서 관심을 가지지 않았습니다. 누군가 그의 왼쪽 발을 세게 밟았습니다. 그는 또 밟히는 것을 피하기위해서 일른 그의 빌을 뺐습니다. 다행히도 그는 다치지 않았지만 그의 왼쪽 신발이 벗겨졌습니다. 그 남자는 그의 왼쪽 신발을 잃어 버렸습니다.

주어 + 동사 (+ 목적어) + 전치사 + Be동사 + 부사 **+ to부정사**/in order to

Paragraph 2

____ ___ ___ ___ the ____, ____ _____ ____ ___ ____ and ____ __ the ____ __ ___ some _____. ____ _____ were _____ on __ ___. __ __ __ the ____ not ___, but ___ __ __ __ the ____ __ the ____. ____ ___ ____ ____ ____ and the _____ __ there ___ ___ ____ not __ ___ ___ the ____. Some _____ ___ __ the ____ __ the ____ not __ ___ ___ ____.

Paragraph 3

A ___ ___ __ the ____. __ ___ ____ and ____. __ ___ ___ __ ___ on, ____ ____ ____ ____ ____ the ____ ____. __ ___ ____ the ____ was _____. ____ the ____ ___ ___ ____, __ ____ ____ ___ not __ __ ____. __ ___ ____ ___ __ the ____ ____. __ ___ ____ _____, __ ____ ____. __ ____ the ____ and ____ __ the ____. __ ___ or ____ ____ him. _____ ____ ____ on ___ ___ ___. __ ___ ____ ___ __ to ____ ____. _____ __ wasn't ___, but ___ ___ ___ __. The ___ ___ ___ ___ ___.

Go on to the 152 page

Story Five _ To부정사 & In order to

Story Writing

Paragraph 4

그는 그 신발을 찾기 위해서 고개를 숙이고, 바닥을 둘러보았습니다. 그는 그의 신발을 보았습니다. 그것은 바로 문 옆에 있었습니다. 그는 문 쪽을 향해서 기어갔습니다. 그는 사람들의 다리 사이로 그의 신발을 보았습니다. 그는 그의 신발을 잡기위해서 조심스럽게 그의 손을 뻗었습니다. 그의 손이 그 신발에 거의 도달했을 때 누군가 실수로 그 신발을 찼습니다. 그 신발은 문밖으로 날아갔습니다.

Paragraph 5

그는 고개를 들었습니다. 그리고 그 신발을 보기위해서 몸을 일으켰습니다. 그는 땀을 흘렸습니다. 기차의 내부는 매우 더웠습니다. 그는 창문을 통해서 그의 신발을 보았습니다. 그것은 땅바닥에 있었습니다. 그 신발은 땅바닥에 무관심하게 놓여있었습니다. 그는 그 신발을 주워주는 것을 누군가에게 부탁하는 것이 필요했습니다. 그러나 사람들은 그에게 주의를 기울이지 않았습니다. 모두가 매우 바빴습니다. 모두가 그저 그들의 긴 여행을 위해서 안전한 자리를 간절히 원할 뿐이었습니다. 그가 문 쪽으로 가기 위해서 벽을 따라 움직일 때 사람들은 그를 위해서 길을 양보하는 것을 꺼려했습니다.

주어 + 동사 (+ 목적어) + 전치사 + Be동사 + 부사 **+ to부정사/in order to**

Paragraph 4

___ _____ ___ _____ and _____ _____ the _____ ___ ____ the _____. ___ ____ his _____. ___ ___ _____ ____ ___ the door. ___ _____ _____ the _____. ___ ___ his ____ _____ _____'s ____. ___ _____ ____ ____ _____ ___ _____ his _____. ___ ____ _____ _____ _____ the _____, _____ _____ _____ the _____. ___ _____ _____ ___ the _____.

Paragraph 5

___ _____ ___ ____ and ___ ___ ___ ___ the _____. ___ _____. ____ the _____ ___ ___ ____. ___ ____ his ____ _____ the _____. ___ ____ ___ the _____. The _____ ___ _____ _____ ___ the _____. ___ ___ _____ _____ ___ _____ _____ ___ the _____, ___ _____ _____ _____ _____ to ____. _____ was _____ _____. _____ _____ a _____ ____ for _____ _____ _____. _____ _____ ___ ____ ____ for ____ ___ he _____ _____ the _____ ___ ___ ___ the _____.

Go on to the 152 page →

Story Writing

Paragraph 6

그는 거의 문을 내려왔습니다. 바로 그때, 기차가 출발하기 위해서 갑자기 기적을 울렸습니다. 사람들은 기차에 올라타기 위해서 문 안으로 그들의 몸을 밀어 넣었습니다. 기차는 천천히 속도를 높였습니다. 비록 그 신발이 그렇게 멀리 있지 않았지만, 그는 기차에서 내리는 것을 망설였습니다. 그는 그 신발을 가지고 돌아오기 위해서 충분한 시간이 없다는 것을 알았습니다. 그는 기차에서 내리지 않는 것을 결심했습니다. 그는 땅바닥에 있는 그 신발을 포기했습니다. 그는 잠시 동안 생각했습니다. 그리고 즉시 그의 오른쪽 신발을 벗었습니다. 그는 창밖으로 그 신발을 던지기위해서 몸을 구부렸습니다. 그는 아무런 망설임 없이 그것을 밖으로 쉽게 던졌습니다. 그는 땅바닥에 있는 그의 왼쪽 신발 근처에 그 신발을 떨어뜨리는 것을 원했습니다. 그것들은 말할 것도 없이 그의 유일한 신발이었습니다. 그는 신발을 던진 후 숨을 가다듬기 위해서 조용히 벽에 기대어서 앉았습니다. 그는 침착하고, 조용했습니다.

주어 + 동사 (+ 목적어) + 전치사 + Be동사 + 부사 **+ to부정사**/in order to

Paragraph 6

Story Writing

Paragraph 7

기차 안에 있던 한 남자가 그것을 보았습니다. "당신은 이곳에서 여행의 어려움을 과소평가하는 것처럼 보이는군요. 당신은 맨발로 여행하는 것이 계획은 아니지요? 나는 당신이 여분의 신발 한 켤레를 가지고 있든 없든 관심 없소. 당신은 대륙을 가로질러서 여행할 텐데. 당신, 당연히 그거 알겠지요." 그 남자는 그에게 고개를 돌려서 퉁명스럽게 물었습니다. 그는 조용히 말했습니다. "나는 그 신발을 밖으로 던진 것을 후회하지 않아요. 이걸 상상해 보세요. 어떤 가난한 사람이 우연히 왼쪽 신발을 주워요. 만일 그가 아무 신발도 가지고 있지 않다면, 그는 틀림없이 오른쪽 신발이 필요할거에요. 만일 당신이 그런 상황이라면…. 당신은 단지 신발 하나를 가지고 도대체 무엇을 할 수 있겠어요? 어쨌든, 그것들은 더 이상 내 신발이 아니에요." 그는 신발을 신기위한 몸짓을 하면서 새 신발 한 켤레를 가지고 있는 척 했습니다. 그는 그에게 아무 일도 없었던 것처럼 행동했습니다. 그는 창밖을 바라보기 위해서 고개를 돌렸습니다. 그리고 그의 얼굴을 부드럽게 닦았습니다. 나중에 사람들은 그를 "간디"라고 불렀습니다.

Paragraph 7

___ ___ in ___ ___ ___ ___. " ___ ___ to ___ ___ the ___ ___ the ___ ___. ___ don't ___ ___ ___ ___, ___ ___ ? ___ ___ ___ ___ ___ you ___ ___ ___ ___ ___ ___ ___ ___ ___ ___ ___. ___ ___ ___ ___ ___ the ___ ___. ___, ___ ___, ___ ___." the ___ ___ ___ ___ ___ ___ and ___ ___ ___. ___ ___ ___, "___ don't ___ ___ ___ ___ the ___. ___ ___ ! A ___ ___, ___ ___, ___ ___ the ___ ___. If ___ ___ ___ ___ ___, ___ ___ ___ ___ the ___ ___. If you ___ in ___ ___ ···. ___ could ___ ___ ___ ___ just ___ ___? ___ ___ ___, ___ ___ not ___ ___ ___." ___ ___ ___ ___ a ___ ___ ___ ___ as ___ ___ a ___ ___ ___ ___ ___. ___ ___ ___ ___ ___ ___ ___ to ___. ___ ___ ___ ___ ___ ___ ___ the ___ and ___ ___ ___ ___. ___ ___ ___ ___ " ___ ".

Review Sentence Writing

1. Sam은 일자리를 얻기 위하여 그 회사에 전화했습니다.
   _____

2. 나에게 먹을 것을 좀 주세요.
   _____

3. 그 기록을 찾는 것은 어려웠습니다.
   _____

4. 나는 휴가기간 동안 여행하기 위해서 돈을 모았습니다.
   _____

5. Harry는 등산하는 것을 좋아합니다.
   _____

6. 운동하는 것은 우리의 건강을 위해서 필요합니다.
   _____

Word Tips 1. called, in order to get 2. something to eat 3. To find, difficult 4. to travel during 5. to climb 6. To exercise, for

7   사진을 찍기 위해서 그녀는 서둘러 움직였습니다.
_____

8   솔직히 말하자면, 나는 너를 보기 위해서 이곳에 왔어.
_____

9   화난 사람을 진정시키기 위해서 우리는 기술이 필요합니다.
_____

10 Tom은 사장과 공식적으로 이야기하기를 원합니다.
_____

11 길 위에 있는 강아지를 피하기 위하여 그는 재빨리 방향을 틀었습니다.
_____

12 나는 별을 보기 위해서 믿어지지 않을 만큼 비싼 망원경을 구입했다.
_____

13 너는 어느 것을 좋아하니? 삶는 것 아니면 튀기는 것?
_____

14 그는 효과적으로 외우기 위해서 단어들을 밑줄 그었습니다.
_____

Word Tips 7. hurriedly, take a picture   8. speaking, in order to see   9. calm down, a skill   10. wants to talk, officially   11. avoid, a quick turn   12. purchased, incredibly   13. Which one, boil, fry   14. underlined, effectively

Story Five _ To부정사 & In order to **87**

15 어머니를 돕기 위해서 그는 Chicago로 돌아갔습니다.

16 사람들은 공연을 보기 위해서 광장에 있었습니다.

17 승객들을 검사하기 위해서, 그 경찰은 그들에게 공항검색대를 통과 할 것을 요청했습니다.

18 우리는 일찍 떠날 것을 결정했습니다.

19 우리는 그 프로그램을 수정하기 위해서 매달 회의를 합니다.

20 일반적으로, 다른 사람을 설득하는 것은 쉬운 일이 아닙니다.

Word Tips 15. returned to, help   16. square, performance   17. passengers, go through, airport security   18. leave early   19. monthly meeting, revise   20. persuade, other

Story Six

To부정사의 단점을 보완하는
'Package Grammar'

동명사 & 가주어 'It'

To부정사의 단점을 보완하는 'Package Grammar'
동명사 & 가주어 'It'

1 동명사가 만들어진 이유

(1) to부정사의 단점을 보완하기 위해 만들어 졌다.
→ 주어는 짧고, 간단해야 하는데 to부정사를 주어로 쓰면 아무리 짧아도 두 단어로 복잡해진다.
→ to부정사는 전치사 뒤에 쓸 수 없다.

(2) 동사의 명사화

동사		명사화	동사		명사화
공부하다		공부하는 것	study		studying
일하다	+ '~는 것' →	일하는 것	work	+ '-ing' →	working
만나다		만나는 것	meet		meeting

(3) 문장에서 동명사의 활용

동명사는 동사를 명사화한 것이며, 전치사 뒤에 쓸 수 없는 to부정사의 단점을 보완하기 위해 만들어졌으므로 문장에서 명사의 모든 위치에 올 수 있다.

명사	동사	명사	전치사 + 명사
Studying(O)	is	our responsibility.	
I	like	studying.(O)	
We	talk		about studying.(O)

2 to부정사와 동명사의 호환성

(1) 문장 맨 앞(주어) 자리는 to부정사와 동명사의 교환이 항상 가능하다.

To fix a bicycle is my hobby.
= Fixing a bicycle is my hobby.

(2) 세 번째(목적어) 자리는 to부정사와 동명사의 교환이 불가능한 경우가 있으며, 동사에 의해 결정된다.

I [hope] to see her again.

➡ to부정사를 목적어로 취하는 동사

They [finished] reading this book.

➡ 동명사를 목적어로 취하는 동사

She [began] to talk.
= She [began] talking.

➡ to부정사와 동명사를 모두 목적어로 취하는 동사

3 동명사의 성격

동명사는 100% 동사이고, 100% 명사임을 문장에서 증명할 수 있어야 한다.

Studying is important.

➡ 동명사 Studying이 100% 명사인 증거: 동사 'is' 앞에 쓰였다.
동명사 Studying이 100% 동사인 증거: 뒤에 목적어인 명사가 없다.

= To study is important.

Studying English is important.

➡ 동명사 Studying이 100% 명사인 증거: 동사 'is' 앞에 쓰였다.
동명사 Studying이 100% 동사인 증거: 뒤에 목적어인 명사 'English'가 있다.

= To study English is important.

● to부정사를 주어로 쓰는 것은 강조의 의미로, 뒤에 목적어인 명사가 없어도 상관없다.

4 가주어 'It'을 쓰게 된 배경

(1) 주어는 항상 짧고, 간단해야 한다.

To attend every class is difficult.
　　주어　　　　　동사

= Attending every class is difficult.
　　주어　　　　　동사

➡ to부정사가 주어인 문장보다 짧아졌지만, 주어가 그다지 많이 짧아지지는 않았다.

To부정사의 단점을 보완하는 'Package Grammar' **동명사 & 가주어 'It'**

(2) 짧고, 간단한 주어를 찾는 두 가지 조건

① to부정사나 동명사를 이용한 주어보다 짧아야한다.
② to부정사나 동명사 대신 쓰이므로, 문장에서 자체의 뜻이 없어야한다.

It	is	fine	today.
의미×	~이다	날씨가 좋은	오늘

It	is	3 o'clock	now.
의미×	~이다	3시	지금

It	is	Monday	today.
의미×	~이다	월요일	오늘

It	takes	20 minutes	from	here.
의미×	시간이 걸리다	20분	~부터	여기

● 'It'은 사전적으로 '그것'이라는 자체의 뜻이 있으나, 문장 안에서 쓰일 때 해석할 의미가 없는 유일한 단어이다.

To attend every class is difficult.
= It is difficult to attend every class.

Attending every class is difficult.
= It is difficult attending every class.

5 가주어 'It' 뒤에 언제 to부정사를 쓰고, 언제 동명사를 쓸까?

(1) 가주어 'It' + to부정사: 일반적이고, 상식적인 상황을 나타낸다.

It is happy to meet my boyfriend.

➡ 상식적이고, 일반적인 상황을 나타낸다.

(2) 가주어 'It' + 동명사: 상식에서 벗어난 특별한 상황이며, 강조된 의미를 나타낸다.

It is happy meeting my boyfriend.

➡ 말하는 사람의 상황이 일반적이지 않은 상대적으로 특별한 상황이며, 강조된 의미를 나타낸다.

● It is unusual _____ one million won for nothing.

➡ 공짜로 백만 원을 버는 것은 일상적이고, 상식적인 상황이 아니라 매우 특별한 상황이므로 빈칸에는 동명사 'earning'이 와야 한다.

6 'Package Grammar' 란?

'to부정사'의 단점을 보완하기위해 '동명사'가 생겼으며, 'to부정사'와 '동명사'의 단점을 보완하기위해 가주어 'It'이 생겼다. to부정사가 없었다면 동명사도 없었을 가능성이 크며, to부정사와 동명사가 없었다면 가주어 'It'도 없었을 가능성이 크다. to부정사, 동명사, 가주어 'It' 처럼 서로에게 영향을 주는 문법을 'Package Grammar', 즉 'Family Group' 이라한다.

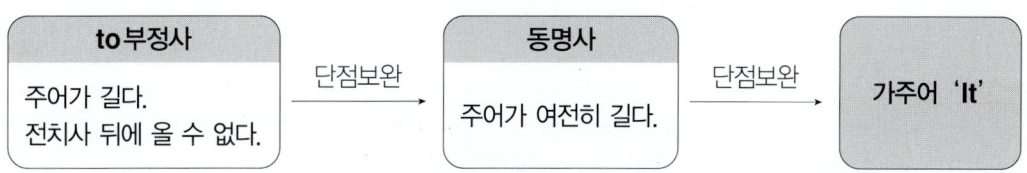

# Preview the Story Sentence

1. 그들은 기다리는 것에 인내심이 있었습니다.

    _____

    Writing Tip 'be patient in'은 '~하는데 인내심/끈기가 있다'의 뜻으로, 전치사 뒤에 동사를 쓸 때는 반드시 '~ing' 형태의 동명사가 와야 한다.
    I'm interested **in studying** English. 영어공부에 관심이 있다.

    Word Tips be patient, in waiting

2. 오늘 철도 회사가 아무런 예고 없이 Bombay로 떠나는 것을 연기했습니다.

    _____

    Writing Tip 동사 'delay'와 'postpone'은 동명사를 목적어로 가지므로, 'delay to leave'가 아니라 'delay leaving'으로 써야한다. '~로 출발하다/떠나다'는 'leave for'를 쓸 수 있다. 'leave, start, depart, sail'과 같은 동사들은 방향을 나타낼 때 전치사 'for'를 쓰지만, 'move, walk, travel, fly'와 같은 동사들은 방향을 나타낼 때 전치사 'to'를 쓴다.

    Word Tips railroad company, delayed, leaving for, without, notice

3. 사람들은 이 여행에서 힘든 시간을 가지는 것을 예상했습니다.

    _____

    Writing Tip '예상하다, 예견하다'라는 뜻의 동사 'anticipate'는 'expect'와 달리 동명사를 목적어로 가진다. 'have a hard time'은 '어려운/힘든 시간을 겪다/경험하다'의 뜻으로 뒤에 동사가 올 때는 반드시 '~ing' 형태의 동명사가 와야 한다.
    have a hard time **walking** 걷는데 어려움을 겪다

    Word Tips anticipated having, hard time, in this trip

4. 사람들을 뚫고 지나가는 것은 쉽지 않았습니다.

    _____

    Writing Tip 'pass through'는 '~을 뚫고 지나가다'는 뜻이며, 동명사 형태가 되어 주어로 쓰였다. 동명사나 to부정사가 주어로 쓰이면 동사는 항상 단수이며, 시제만 맞추면 된다.

    Word Tips passing through, wasn't easy

5   그는 문 쪽을 향해서 기어가는 것을 시작했습니다.

Writing Tip '시작하다'는 뜻의 동사 'begin'과 'start'는 동명사(~ing)와 to부정사를 모두 목적어로 가질 수 있다.

Word Tips   began crawling, toward

6   그 노파는 안에 머무르는 것을 제안했습니다.

Writing Tip '제안하다'는 뜻의 동사 'suggest'는 동명사(~ing)와 to부정사를 모두 목적어로 가질 수 있다.

Word Tips   old lady, suggested, staying in

7   나는 당신이 신발을 던진 것을 이해하지 못하겠어요.

Writing Tip '~을 이해하다'는 뜻의 동사 'understand'는 '소유격(my, your, his, her 등)+ 동명사(~ing)'로 '누가 ~한 것을 이해하다'라는 뜻을 나타낼 수 있다.

Word Tips   don't understand, your throwing

8   나는 나의 신발을 던진 것을 후회하지 않아요.

Writing Tip '후회하다'는 뜻의 동사 'regret'는 동명사(~ing)를 목적어로 가진다. 동명사를 부정할 때는 부정어 'not'을 동명사(~ing) 바로 앞에 붙인다.
  throwing out → **not** throwing out

Word Tips   do not regret, throwing out

9   그는 말하는 것을 끝냈습니다.

Writing Tip '~을 끝내다'는 뜻의 동사 'finish'는 동명사(~ing)를 목적어로 가진다. 목적어가 필요 없는 자동사 'end'와 'be over'도 '끝내다'는 의미로 자주 쓰인다.
  The class **ended**.   The war **was over**.

Word Tips   finished, talking

Go on to the 153 page

Story Writing

Paragraph 1

기차를 기다리는 것은 그들에게 일상사였습니다. 이것은 Bombay행 오늘의 유일한 기차였기 때문에 사람들은 이른 아침부터 기차를 계속해서 기다렸습니다. 날씨는 찌는 듯이 더웠습니다. 이 열기에도 불구하고 사람들은 그 기차를 타기 위해서 끈기 있게 기다렸습니다. 그들은 기다리는 것에 인내심이 있었습니다. 대부분의 사람들은 근처 도시에서 일했습니다. 기차를 이용하는 것이 값이 쌌기 때문에 사람들은 도시에서 일을 하기 위해서 기차를 빈번히 이용했습니다. 더욱이 사람들은 국토를 가로질러 자주 여행을 했고, 그들은 그러한 긴 여행을 위해서 기차를 이용했습니다. 그 기차는 평소에는 정시에 왔습니다. 그러나 오늘 철도 회사가 아무런 예고 없이 Bombay로 떠나는 것을 연기했습니다. 그것의 늦은 도착 때문에 많은 사람들이 역 안과 주변에서 그 기차를 기다렸습니다. 기차가 천천히 역에 도착했습니다. 사람들이 짐을 꾸려서 움직이기 시작했습니다. 기차가 역에 멈추었습니다. 기차가 승강장에 멈추자마자 사람들은 자리를 잡기위해서 서둘러서 기차를 향해서 뛰었습니다. 그들은 자리를 위해서 내달렸습니다. 모두가 더운 날씨에 지쳤기 때문에 사람들은 기차 주위에서 서로 거칠게 밀치며, 소리를 질렀습니다.

Paragraph 1

_____ ___ a _____ ___ _____ _____ ___ them.⁽¹⁾ _____ ___ _____ the _____ _____ ____ _____ Bombay, _____ _____ _____ ____ the _____ ____ the _____ _____ . The _____ _____ _____ _____ . _____ _____ , _____ _____ _____ ___ _____ the _____ . _____ _____ _____ _____ ____ _____ . _____ _____ _____ _____ the _____ _____ . _____ _____ the _____ was _____ , _____ _____ _____ the _____ __ _____ ____ the _____ .⁽²⁾ _____ , _____ _____ _____ _____ the _____ and _____ _____ the _____ _____ _____ _____ _____ . ____ _____ _____ _____ time, but the _____ _____ _____ ___ Bombay _____ ____ _____ _____ _____ . _____ ___ its _____ _____ , _____ _____ _____ ___ the train ___ __ _____ the _____ . The _____ _____ _____ ___ the _____ . _____ _____ _____ _____ _____ and _____ . The _____ _____ ___ the _____ . __ ____ ___ the _____ _____ _____ __ the _____ , the _____ _____ ____ _____ the _____ __ _____ a _____ . _____ _____ ___ a _____ . _____ _____ _____ _____ the _____ _____ , _____ _____ _____ and _____ __ _____ _____ _____ the _____ .

(1) 가주어 It ___ was everyday experience for them __ _____ for a train.

(2) 가주어 It Because ___ was cheap ___ ____ the train, people frequently used the train to work at the city.

Go on to the 153 page ➡

Story Writing

Paragraph 2

그들이 기차 안으로 뛰어 들어가는 동안에 어떤 사람들은 기차의 옆과 뒤로부터 기어올랐습니다. 사람들은 얼마의 공간이라도 찾기 위해서 지붕으로 올라갔습니다. 많은 사람들이 이미 기차 위에 있었습니다. 그들은 지붕 위에 앉는 것이 안전하지 않다는 것을 잘 알았습니다. 그러나 그들은 이런 상황에서 지붕 위에 앉는 것만으로도 감사했습니다. 그들 가운데 아이들이 있었습니다. 부모들은 그들의 아이들을 지붕의 한가운데에 앉혔습니다. 그 아이들은 기차로부터 떨어지는 것을 피하기 위해서 그들의 부모와 함께 앉았습니다. 사람들은 이 여행에서 힘든 시간을 가지는 것을 예상했습니다. 특별히 오늘처럼 더운 날에는 아무도 기차 안에 있는 것이나 문에 매달리는 것을 좋아하지 않았습니다. 그러나 사람들은 그 기차에 올라타기 위해서 필사적으로 문에 매달렸습니다. 모두가 기차를 타지는 않았습니다. 대부분은 이 기차를 놓치지 않기를 원했지만 몇몇 사람들은 그 기차에 올라타기 위해 애쓰는 것을 포기했습니다. 그들은 며칠 전 끔찍한 사고를 본 것을 기억했기 때문에 그들은 지붕 위에 앉는 것 대신에 다음날로 그들의 떠나는 것을 연기했습니다. 여전히 많은 사람들이 기차 주위에 있었습니다.

주어 + 동사 (+ 목적어) + 전치사 + Be동사 + 부사 + to부정사/in order to + 동명사, 가주어 It

Paragraph 2

_____ _____ ___ _____ the _____, _____ _____ _____ _____ _____ and _____ ___ the _____. _____ _____ ___ _____ the _____ ___ _____ _____ _____ _____ _____. _____ ___ the _____. _____ _____ _____ _____ _____ ___ the _____ ___ not _____, but _____ _____ _____ _____ _____ the _____ ___ _____ _____.(1) _____ _____ _____ _____ _____. The _____ _____ _____ _____ the _____ ___ the _____. The _____ _____ _____ _____ _____ _____ _____ _____ the _____. _____ _____ _____ a _____ _____ _____ ___ _____ _____. _____ a ____ _____ _____ _____, no one _____ _____ ___ a _____ or ____ the _____, but _____ _____ _____ _____ ___ the _____ _____ ___ the _____. _____ _____ _____ the _____. _____ _____ _____ _____ this _____, but ____ _____ _____ _____ ___ _____ to ___ ___ the _____. _____ _____ _____ _____ the _____ _____ a ____ _____ _____, _____ _____ _____ _____ _____ the _____ _____ ___ _____ ___ _____ the _____. _____ _____ _____ _____ the _____.

(1) 가주어 It They knew well ___ was not safe ___ _____ on the roof, but they just appreciated sitting on the roof in this condition.

Go on to the 154 page

Story Writing

Paragraph 3

한 남자가 기차에 올라탔습니다. 그는 마르고, 키가 작고, 평범한 모습이었습니다. 사람들이 이미 기차를 빽빽하게 채웠기 때문에 사람들을 뚫고 지나가는 것은 쉽지 않았습니다. 그가 막 올라탔을 때, 사람들은 통로 도처에 앉아있었습니다. 통로는 걸어서 지나가기에 너무 좁았습니다. 그는 벽을 따라 걷기위해서 벽 쪽으로 그의 몸을 옮겼습니다. 그는 균형을 잃지 않기 위해서 조심스럽게 발을 내딛었습니다. 바로 그 순간에, 그는 실수로 무엇인가에 발이 걸렸습니다. 그 좁은 통로 때문에 그는 균형을 잃고, 바닥에 넘어졌습니다. 그의 머리가 거의 벽에 충돌할 뻔했습니다. 그는 그의 머리가 벽에 충돌하는 것을 간신히 피했습니다. 아무도 도와주거나 그에 대해서 관심을 가지지 않았습니다. 누군가 그의 왼쪽 발을 세게 밟았습니다. 그는 얼른 그의 발을 뺐습니다. 그는 또 밟히는 것을 피했지만, 그의 왼쪽 신발이 벗겨졌습니다. 다행히도 그는 다치지 않았지만, 그는 그의 왼쪽 신발을 잃어 버렸습니다.

주어 + 동사 (+ 목적어) + 전치사 + Be동사 + 부사 + to부정사/in order to + 동명사, 가주어 It

Paragraph 3

A ____ ___ __ the _____. __ ___ ____, _____, and _____
_____. _____ _____ _____ _____ _____ the _____ _____,
_____ ____ the _____ ____ ____ ____.⁽¹⁾ __ ____ ___
____ __, _____ _____ _____ __ the _____. The _____
_____ _____ _____ _____ _____ _____ _____ _____.
__ the _____ ___ ____ _____ the _____. __ ____ ___
_____ not __ _____ his _____. __ ____ _____ _____,
___ _____ _____ _____ _____. _____ __ the
_____ _____, __ ____ the _____ and ____ _____ __ the
_____. _____ _____ _____ _____ the ____. __ ___
_____ _____ _____ _____ the _____. _____
_____ or _____ _____ him. _____ _____ _____ on ____
_____ _____. _____ he _____ _____ _____ _____. ___
_____ _____ _____, but _____ ____ ____ _____ ____.
_____ __ wasn't ____, but __ ___ ____ ____ _____.

(1) 가주어 It __ wasn't easy __ _____ through the people.

Go on to the 154 page

Story Writing

Paragraph 4

그는 그 신발을 찾기 위해서 바닥을 둘러보았습니다. 그는 그의 신발을 보았습니다. 그것은 바로 문 옆에 있었습니다. 그는 고개를 숙이고, 문 쪽을 향해서 기어가는 것을 시작했습니다. 한 여자가 그를 옆으로 밀었습니다. 그녀는 그 남자가 그녀의 자리를 차지하려는 것을 시도한다고 생각했습니다. 그는 아무 말도 하지 않았습니다. 그는 사람들의 다리 사이로 그의 신발을 보았고, 그 신발 쪽으로 기어가는 것을 계속했습니다. 바닥을 기어가는 것은 그에게 어려웠습니다. 그가 그 신발 쪽으로 가까이 왔을 때, 그는 그의 신발을 잡기 위해서 조심스럽게 그의 손을 뻗었습니다. 그의 손이 그 신발에 거의 도달했을 때, 누군가 실수로 그 신발을 찼습니다. 그 신발은 밖으로 날아갔습니다.

주어 + 동사 (+ 목적어) + 전치사 + Be동사 + 부사 + to부정사/in order to **+ 동명사, 가주어 It**

Paragraph 4

___ _____ _____ the _____ ___ _____ the _____. ___ ____ ____ _____. ___ _____ _____ _____ ___ the _____. ___ _____ ____ _____ and _____ _____ _____ the _____. A _____ _____ _____ ___ the _____. ____ _____ the ____ _____ ___ _____ _____ _____. ___ _____ _____ ____ a _____. ___ ____ ____ _____ _____ and _____ _____ ___ the _____. _____ ___ the _____ _____ _____ _____ _____.(1) _____ __ _____ _____ ___ the _____, ___ ____ _____ _____ ____ _____ ___ ___ _____ _____. ____ _____ _____ _____ the _____. The _____ _____ ____.

(1) 가주어 It ___ was hard for him ___ _____ on the floor.

Go on to the 154 page.

Story Writing

Paragraph 5

그는 기어가는 것을 멈추었습니다. 그리고 그 신발을 보기 위해서 고개를 들었습니다. 그가 몸을 일으켰을 때, 그는 땀을 흘렸습니다. 기차의 내부는 매우 더웠습니다. 그는 창문을 통해서 그의 신발을 보았습니다. 그것은 땅바닥에 있었습니다. 그 신발은 땅바닥에 무관심하게 놓여 있었습니다. 그는 그의 신발을 주워 줄 것을 몇몇 사람들에게 부탁했습니다. 그러나 그들은 그를 위해서 그 신발을 주워주는 것을 거절했습니다. 모두가 매우 바빴기 때문에, 그들은 그에게 주의를 기울이는 것을 원하지 않았습니다. 모두가 그저 그들의 긴 여행을 위해서 안전한 자리 잡는 것을 원할 뿐이었기 때문에, 사람들은 그에게 귀 기울이는 것을 싫어했습니다. 그가 문 쪽으로 가기 위해서 벽을 따라 움직이는 것을 시도할 때, 사람들은 그를 위해서 길을 만들어주는 것을 꺼려했습니다.

주어 + 동사 (+ 목적어) + 전치사 + Be동사 + 부사 + to부정사/in order to **+ 동명사, 가주어 It**

Paragraph 5

___ _____ _____ and _____ ____ _____ ___ ____ the _____.
_____ ___ _____ _____, ___ _____. _____ the _____ ____ so
____. ___ _____ ____ _____ _____ the _____. ___ ____ on
_____ _____. The _____ _____ _____ _____ _____ the
_____. _____ ____ _____ _____ _____ _____ ___ _____
_____, but _____ _____ _____ _____ ___ the _____ _____ him.
_____ _____ _____ ___ _____, _____ _____
___ _____ _____ to ____. _____ _____ _____ _____ ___
_____, _____ _____ just _____ ___ _____ a _____ _____
_____ _____ _____ _____ _____. ___ he _____ ___ _____ _____ the
_____ ___ __ __ the _____, _____ ___ _____ _____ ___ _____
_____ _____ ____.

Go on to the 154 page

Story Writing

Paragraph 6

그가 거의 문을 내려왔을 때, 기차가 출발하기 위해서 갑자기 기적을 울렸습니다. 기차가 움직이는 것을 시작하자 사람들은 기차에 올라타기 위해서 문 안으로 그들의 몸을 밀어 넣는 것을 시작했습니다. 비록 그 신발이 그렇게 멀리 있지 않았지만, 그는 그 신발을 가지고 돌아오기 위해서 충분한 시간이 없다는 것을 알았습니다. 기차는 천천히 속도를 높이는 것을 시작했고, 그는 기차에서 내리는 것을 망설였습니다. 문 옆에 있던 한 노파가 기차에서 내리지 않는 것을 충고했습니다. 그 노파는 안에 머무르는 것을 제안했습니다. 그는 그 신발을 줍기 위해서 다음 기차를 타는 것을 생각했지만, 그는 결국 그 신발을 포기하는 것을 결심했습니다. 그는 기차에서 내리지 않고, 잠시 동안 무엇인가를 생각했습니다. 그는 즉시 그의 오른쪽 신발을 벗었습니다. 그리고 창문으로 몸을 구부렸습니다. 그는 아무런 망설임 없이 그것을 밖으로 쉽게 던졌습니다. 그는 땅바닥에 있는 그의 왼쪽 신발 근처에 그 신발이 떨어지는 것을 원했습니다. 그것들은 말할 것도 없이 그의 유일한 신발이었습니다. 그가 그의 신발 던지는 것을 끝낸 후에, 그는 조용히 벽에 기대어서 앉았습니다. 그는 숨을 가다듬었습니다. 그는 침착하고, 조용했습니다.

주어 + 동사 (+ 목적어) + 전치사 + Be동사 + 부사 + to부정사/in order to + 동명사, 가주어 It

Paragraph 6

_____ __ _____ _____ _____ the _____, the _____ _____ _____ __ _____. __ the _____ _____ _____, _____ _____ __ _____ _____ _____ the _____ __ ____ __ the ____. _____ the _____ _____ ____ _____, __ _____ he _____ ____ _____ ____ __ the _____ _____. The _____ _____ _____ _____ and __ _____ __ _____ ____ the _____. __ _____ _____ _____ _____ __ _____ _____ the _____. The ____ _____ _____ _____ __. __ _____ _____ the _____ the _____ __ _____ __ the _____, but ___ _____ _____ __ _____ __ the _____. __ _____ ____ _____ the _____ and _____ _____ _____ a _____. ____ _____ _____ _____ _____ _____ and _____ _____ ___ the _____. __ _____ _____ _____ __ _____. __ _____ the _____ __ _____ _____ _____ __ the _____. _____ _____ ____ _____ _____ _____. _____ __ _____ _____ his _____, __ _____ ____ _____ the _____. ___ _____ a _____. ___ _____ and _____.

Story Writing

Paragraph 7

기차 안에 있던 한 남자가 그것을 보았습니다. "당신은 이곳에서 여행의 어려움을 과소평가하는 것처럼 보이는군요. 당신은 맨발로 여행하는 것이 계획은 아니지요, 그렇지요? 나는 신발을 신는 것 없이 여행하지 않는 것을 권해요. 당신은 그것들이 당신 것이 아닌 것처럼 행동하는군요. 당신은 무엇인가를 놓치고 있는 것 같아요. 당신은 대륙을 가로질러서 여행하게 될 텐데. 당신, 당연히 그거 알지요, 그렇지요? 나는 당신이 여분의 신발 한 켤레를 가지고 있든 없든 관심 없소. 나는 당신이 신발을 던진 것을 이해 못하겠군요." 그 남자는 그에게 고개를 돌려서 퉁명스럽게 물었습니다. 그는 조용히 말했습니다. "비록 나는 맨발로 여행하는 것이 계획은 아니었지만, 나는 나의 신발을 던진 것을 후회하지 않아요. 이걸 상상해 보세요. 어떤 가난한 사람이 우연히 왼쪽 신발을 주워요. 만일 그가 아무 신발도 가지고 있지 않다면, 그는 틀림없이 오른쪽 신발도 필요할거에요. 만일 당신이 그런 상황이라면…. 당신은 단지 신발 하나를 가지고 도대체 무엇을 할 수 있겠어요? 어쨌든, 그것들은 더 이상 내 신발이 아니에요." 그는 그에게 아무 일도 없었던 것처럼 행동하면서, 그는 신발을 신기위한 몸짓을 했습니다. 그는 새 신발 한 켤레를 가지고 있는 척했습니다. 그는 신발을 신지 않은 것을 마음에 꺼리지 않았습니다. 그는 말하는 것을 끝내고, 창밖을 바라보기 위해서 고개를 돌렸습니다. 그는 그의 얼굴을 부드럽게 닦았습니다. 나중에 사람들은 그를 "간디"라고 불렀습니다.

주어 + 동사 (+ 목적어) + 전치사 + Be동사 + 부사 + to부정사/in order to **+ 동명사, 가주어 It**

Paragraph 7

A _____ __ the _____ ____ __. "____ _____ __ _____ the
_____ __ the _____ _____. ___ _____ _____ ____ ____ ____
_____, __ _____? _ _____ ____ not ___ _____ _____
_____ _____. ___ ____ _____ _____ _____ not _____.
____ _____ _____ _____. ____ _____ _____ _____ _____
_____ the _____. ____, __ _____, _____ _____, _____ _____?
_ _____ _____ _____ _____ _____ _____ _____ _____
__ ____. _ ___ _____ _____ _____ _____ _____." the ____
_____ _____ _____ _____ _____ _____ _____. _ _____
_____, "_____ __ _____ _____ _____ _____ _____, __
_____ _____ _____ _____. _____ ____! __
____ __ _____ _____ the ____ ____. __ ____ _____
any _____, __ ____ _____ ____ the _____ _____, too. __
_____ __ _____ _____ _____…. _____ _____ _____ _____ do
____ ___ ____? ___ __ _____, _____ _____ _____ _____
_____." __ ___ ____ ____ _____ _____ _____ ____ ___ ____, __
____ a _____ __ _____ __ _____. _____ _____ _____ a ___
____ __ ____. _____ _____ ____ _____ _____ _____. __ ___
_____ and _____ ____ _____ __ _____ _____ the _____. __
____ _____ _____ _____. _____ _____ " _____ ".

Review Sentence Writing

1 나는 비 내리는 거 보는 것을 즐깁니다.
   _____

2 만나서 반가웠습니다. 가주어 It 사용
   _____

3 차 안에서 책을 읽는 것은 나를 어지럽게 만들었습니다.
   _____

4 그 레스토랑에서 음식을 먹는 것이 그녀에게는 즐거운 경험이었습니다. 가주어 It 사용
   _____

5 그를 만나는 것은 분명 기분 좋은 일입니다.
   _____

6 밤을 지새우는 것은 나를 피곤하게 만들었습니다.
   _____

Word Tips 1. watching, raining 2. nice meeting 3. Reading, in a car, dizzy 4. pleasure experience
5. obviously, pleasant 6. Staying up, made

7   우리의 고객들을 공손하게 대접하는 것은 중요합니다. 가주어 It 사용

8   규칙적으로 물을 마시는 것은 신진대사를 활성화시킵니다.

9   마감일을 맞추는 것은 나에게 스트레스였습니다. 가주어 It 사용

10 나의 공책을 찾은 것은 행운이었습니다. 가주어 It 사용

11 그 티켓을 얻는 것은 쉽지 않았습니다. 가주어 It 사용

12 너를 만나서 행복해. 가주어 It 사용

13 그를 혼자 보내는 것은 좋은 생각이 아니었습니다. 가주어 It 사용

14 그녀에게 사과하는 것은 어려웠습니다. 가주어 It 사용

Word Tips 7. to treat, customers, politely 8. regularly, speeds up, metabolism 9. stressful, for me, deadline 10. was lucky to 11. easy to get 12. happy to 13. to send 14. difficult, apologize

15 이 옷을 입기에 날씨가 덥다. 가주어 It 사용

_____

16 밤에 혼자 걸어가는 것은 위험할지도 모릅니다. 가주어 It 사용

_____

17 진실을 받아들이는 것은 충격적이었습니다. 가주어 It 사용

_____

18 적응하기에 비교적 쉬웠습니다. 가주어 It 사용

_____

19 그 문제를 푸는 것은 우리에게 너무 복잡했습니다. 가주어 It 사용

_____

20 그곳에 걸어서 가는 것은 너무 멀었습니다. 가주어 It 사용

_____

Go on to the 155 page

Word Tips 15. hot to wear 16. may, dangerous to 17. was shocking, to accept 18. relatively, adjust
19. too complex, solve 20. too far to

Story Seven

형용사화된 동사와 be동사의 조합

과거·현재분사 & 수동태

형용사화된 동사와 be동사의 조합

과거·현재분사 & 수동태

1 과거분사

(1) 동사의 과거형

동사	과거동사		동사			과거동사
요리하다	요리했다		cook			cooked
청소하다 + '~ㅆ다' →	청소했다		clean	+	'-ed' →	cleaned
밀다	밀었다		push			pushed

(2) 동사의 형용사화

동사	형용사화		동사			형용사화
요리하다	요리당한		cook			cooked
청소하다 + '~당한' →	청소당한		clean	+	'-ed' →	cleaned
밀다	밀림당한		push			pushed

(3) 과거동사 '~ㅆ다'와 형용사 '~당한'의 구별: 형용사는 항상 뒤에 명사를 가진다.

(4) 형용사 '~당한'의 이름

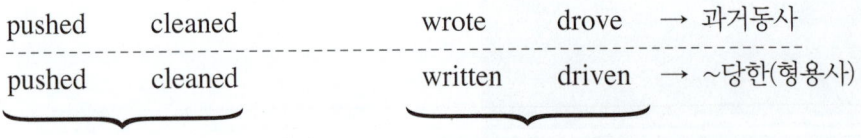

➡ '~당한'의 의미를 지닌 형용사를 만들기 위해서 과거동사의 spell을 참조했음을 알 수 있다.

과거동사의 부분으로 만들어진 형용사
↓　　　↓　　↓
Past　　Part　i　ciple

● 과거분사는 형용사의 또 다른 이름으로 형용사를 빼고, 그 자리에 과거분사를 넣을 수 있다.

2 현재분사

(1) 동사의 형용사화

동사		형용사화	동사		형용사화
요리하다		요리하는	cook		cooking
밀다	+ '~하는' →	미는	push	+ '-ing' →	pushing
청소하다		청소하는	clean		cleaning

(2) 형용사 '~하는'의 이름

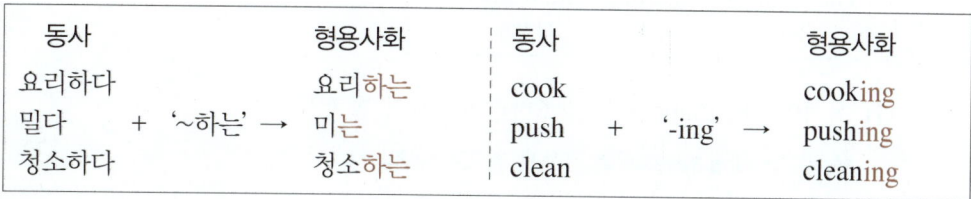

cooking books　　pushing people　　cleaning tools
요리하는　책　　　미는　　사람　　　청소하는　도구

➡ '~하는'의 의미를 지닌 형용사를 만들기 위해서 현재동사에 '-ing'를 붙였음을 알 수 있다.

현재동사가 부분이 되어서 만들어진 형용사
↓　　　　↓　　　↓　　↓
Present　　Part　　i　　ciple

● 현재분사는 형용사의 또 다른 이름으로 형용사를 빼고, 그 자리에 현재분사를 넣을 수 있다.

3 be동사 + 과거분사

주어	+	be동사 (am, are, is, was, were, be)	+	형용사/과거분사
It		is / was		fixed.

➡ 'be동사'와 '과거분사'를 붙여서 '~당하다, ~받다'라는 의미의 'be동사 + 과거분사'가 만들어졌다.

● 'be동사 + 과거분사'로 구성된 문장을 수동태라고 부른다.

형용사화된 동사와 be동사의 조합 **과거·현재분사 & 수동태**

4 'be동사+과거분사' 와 '과거분사+명사'

The seat   was   reserved.   →   The reserved seat.

The plane   was   delayed.   →   The delayed plane.

5 수동태의 문장전환

The trainers	instruct	the trainees.
주어	동사	목적어

(1) 목적어 'the trainees'를 강조하려면 어떻게 할까?

➡ 목적어 'the trainees'를 문장 맨 앞으로 보낸다.

The trainers instruct the trainees.

The trainees

(2) 목적어 'the trainees'를 문장 맨 앞으로 보낸 다음 어떻게 할까?

➡ 원래의 문장과 같은 내용으로 전달하기 위해 '~당하다, ~받다'라는 의미의 'be동사+과거분사'로 만든다.

The trainers instruct the trainees.

The trainees are instructed

● 원래의 문장과 시제를 맞춘다.

(3) 원래 문장의 주어는 어떻게 할까?

➡ 원래 문장의 주어를 문장 끝에 'by+목적어'로 놓는다.

The trainers instruct the trainees.

The trainees are instructed by the trainers.

6 전치사 'by'

(1) 내용상 '~에 의해서' 라는 의미가 있을 때만 전치사 'by'를 쓴다.

The Golden Gate Bridge was built by many Chinese immigrants.
By many Chinese immigrants the Golden Gate Bridge was built.

➡ 전치사 'by'를 강조할 경우

(2) 누구에 의해서 되었는지 알 수 없거나, 모두가 아는 경우 전치사 'by'를 생략한다.

The Golden Gate Bridge was built.

(3) 누구에 의해서 되었는지 알 수 없거나, 중요하지 않은 경우 다른 전치사를 쓴다.

The Golden Gate Bridge was built in San Francisco.

7 수동태를 쓰기로 작정한 표현

- I am interested in Korean music.
  나는 한국 음악에 관심이 있습니다.

- He is satisfied with the result.
  그는 그 결과에 만족한다.

- We are lost.
  우리는 길을 잃어버렸다.

- I can't find the purse. It is gone.
  나는 지갑을 찾을 수가 없어요. 사라졌어요.

- Are you finished with your homework?
  너는 숙제를 끝냈니?

- A: Are you done? 너는 끝냈니?
  B: (I am) done. 끝냈어.

- Jack is married to Cindy.
  Jack은 Cindy와 결혼했다.

 Preview the Story Sentence

1. 기차는 또 예정된 시간에 오지 않았습니다.

   Writing Tip 형용사(과거분사) 'appointed(예정된)'는 동사 'appoint(정하다, 임명하다)'의 과거분사로, 형용사처럼 명사 앞에서 명사를 수식한다.
   appointed time 지정된 시간   **appointed** chief officer 임명된 주공무원
   '정시에'는 'on time'으로 표현한다.

   Word Tips   again, didn't come on, an appointed time

2. 그들은 이 새롭게 도입된 기차를 이용했습니다.

   Writing Tip 'newly'는 과거분사와 함께 '요즘, 최근에, 새로이, 다시'라는 의미로 쓰인다.
   newly discovered vitamin **최근에** 발견된 비타민
   a **newly** painted door **새로이/다시** 칠해진 문
   a **newly** appointed ambassador **새로이** 임명된 대사

   Word Tips   used, newly introduced

3. 많은 사람들이 역 안과 주변에서 기다리도록 내버려졌습니다.

   Writing Tip 동사 'put'은 '놓다'의 뜻 이외에 '어떤 특정한 상황에 처하다'의 뜻으로도 쓰인다.
   Word Tips   were put, in and around, station

4. 그 기차는 붐비는 승강장에 멈추었습니다.

   Writing Tip 'crowd'는 '복잡한, 혼잡한'이라는 뜻의 형용사로, 전치사 'with'와 함께 쓰여 '~로 가득 찬'의 뜻을 나타낸다.
   The room **was crowded with** furniture. 방은 가구로 가득 차 있었다.

   Word Tips   stopped at, the crowded platform

5   그 아이들은 붐비는 지붕의 한가운데에 앉혀졌습니다.

Writing Tip '~의 중간에'라는 의미로 'in the center of'와 'in the middle of'를 쓸 수 있다. 'in the center of'는 장소에 한정된 반면, 'in the middle of'는 시간, 행동 등이 연속되는 가운데도 쓸 수 있다.
 I was **in the middle of talking** to my mother when you paged me.

Word Tips   were seated, in the center of, crowded roof

6   한 평범하게 생긴 남자가 기차에 올라탔습니다.

Writing Tip 평범하게 생긴 외모를 나타낼 때 'plain looking'을 쓴다. 형용사와 짝을 이루어 '~으로 보이는, ~얼굴을 한'의 뜻을 나타낸다.
 A **good looking** 잘 생긴   **angry looking** 화난 얼굴을 한

Word Tips   plain looking man, got on

7   그는 그의 머리가 나무로 된 의자에 충돌하는 것을 간신히 피했습니다.

Writing Tip 'wooden'은 '나무로 만든'의 뜻으로, '어색한, 뻣뻣한'의 뜻으로도 쓰인다.
 wooden performance 뻣뻣하고, 부자연스러운 연기
 a **wooden** smile 밋밋하고, 부자연스러운 미소

Word Tips   barely, avoid bumping, against, a wooden chair

8   그들은 그를 위해서 지나는 길을 만들어주는 것을 꺼려했습니다.

Writing Tip 'be reluctant to~'는 '~하는 것을 안 좋아하거나 마지못해 하는 것'으로, 비슷한 의미의 'unwilling to~'는 하고 싶지 않다는 단호한 거절을 나타낸다.

Word Tips   were reluctant, make a passing way

9   당신은 단지 남겨진 신발 하나를 가지고 도대체 무엇을 할 수 있겠어요?

Writing Tip 'possibly'는 의문문에서 'can'과 함께 '어떻게든지, 과연'의 의미로, 부정문에서 'can' 함께 '아무리 해도, 도저히 ~못하다'의 의미로 쓰인다.

Word Tips   what could you possibly, with, one left shoe

Go on to the 155 page

Story Writing

Paragraph 1

기차는 또 연착되었습니다. 연착된 기차를 기다리는 것은 그들에게 일상사였습니다. 그 기차는 Bombay로 가도록 일정이 짜였습니다. 그리고 그것이 오늘의 마지막으로 일정이 짜인 기차였습니다. 사람들은 이른 아침부터 기차를 계속해서 기다렸습니다. 날씨는 찌는 듯이 더웠습니다. 이 몹시 더운 더위에도 불구하고, 사람들은 기차를 타기위해서 기다렸습니다. 그들은 기다리는 것에 인내심이 있었습니다. 대부분의 사람들은 거리가 먼 도시에서 일하는 것에 익숙했습니다. 철도의 건축물은 이 지역 안 도시의 빠른 성장을 촉진시켰습니다. 기차는 이 성장하는 도시에서 일하기 위해서 빈번히 이용되었기 때문에, 철도 운임은 매우 쌌습니다. 더욱이, 사람들은 국토를 가로질러 자주 여행을 했고, 그들은 그러한 긴 여행을 위해서 이 새롭게 도입된 기차를 이용했습니다. 그 기차는 또 예정된 시간에 오지 않았습니다. 그 기차는 오늘 아무런 예고 없이 Bombay로 출발하는 것이 연기되었습니다. 그것의 늦은 도착 때문에 많은 사람들이 혼잡한 역 안과 주변에서 기다리도록 내버려졌습니다.

주어 + 동사 (+ 목적어) + 전치사 + Be동사 + 부사 + to부정사/in order to + 동명사, 가주어 It **+ 분사, 수동태**

Paragraph 1

The _____ ____ _____ _____. _____ ____ a _____ _____ ___ _____ _____ _____ _____. The _____ ____ _____ __ ___ ___ and ___ ___ the _____ _____ _____ ___ _____. _____ ___ ___ _____ the _____ ___ the _____ _____. ____ _____ ___ _____ _____ _____. _____ _____ _____, _____ _____ _____ _____ the _____. _____ _____ _____ _____. _____ ___ _____ ___ _____ ___ the _____ _____. The _____ _ _____ _____ the _____ _____ _____ _____. _____ the _____ _____ _____ ___ _____ _____, the _____ _____ _____ _____ _____. _____, _____ _____ _____ _____ the _____ _____ _____ _____ _____ _____ _____ _____ _____ _____ _____. The _____ _____ _____. The _____ _____ _____ _____ _____ _____. _____ _____ _____, _____ _____ _____ _____ _____ _____ and _____ the _____ _____.

Go on to the 155 page

Story Writing

기차가 천천히 역에 도착했습니다. 사람들이 짐을 꾸려서 움직이기 시작했습니다. 기차가 역무원들에 의해서 대기선 안으로 안내되기 전에 사람들은 자리를 잡기위해서 다가오는 기차로 서둘러 뛰었습니다. 승강장은 사람들로 붐볐습니다. 기차가 붐비는 승강장에 멈추자마자 그들은 자리를 위해서 내달렸습니다. 모두가 찌는 듯이 더운 여름 날씨에 지쳤기 때문에, 그 모여든 사람들은 기차 주위에서 서로 거칠게 밀치며, 소리를 질렀습니다.

Paragraph 2

몇몇 사람들이 기차 안으로 뛰어 들어가는 동안에 다른 사람들은 기차의 옆과 뒤로부터 기어올랐습니다. 지붕은 석탄 먼지로 덮여있었습니다. 사람들은 얼마정도 여분의 공간을 찾기 위해 검게 그을린 지붕으로 올라갔습니다. 많은 사람들이 이미 기차 위에 있었습니다. 그 지붕은 사람들로 가득 차있었습니다. 그들은 지붕 위에 앉는 것이 안전하지 않다는 것을 잘 알았습니다. 그러나 그들은 이 긴박한 상황 속에서 지붕 위에 앉은 것만으로도 감사했습니다. 그들 가운데 아이들이 있었습니다.

주어 + 동사 (+ 목적어) + 전치사 + Be동사 + 부사 + to부정사/in order to + 동명사, 가주어 It **+ 분사, 수동태**

___ ____ ____ ____ ___ the _____. ____ ____ _____ their _____ and _____. _____ the _____ ___ _____ ____ the _____ ____ ___ the _____ _____, the _____ ____ ____ ___ the _____ ____ to ____ a ____. The _____ ____ ____ ____ ____ ____. ___ ___ the ____ ____ ____ the _____ _____, _____ ____ ___ a ____. _____ ____ ____ ___ the _____ __ _____ _____, the _____ _____ _____ _____ _____ ___ and _____ __ ___ _____ _____ the _____.

Paragraph 2

____ ____ ____ ___ ____ the ____, ____ _____ ____ ____ and ____ the ____. ____ ____ ____ ____ ____ the ____ ____. ____ ____ __ ___ the ____-____ ____ to ____ ____ ____ ____. ____ ____ ____ ____ ____ the ____. The ____ ___ ___ ____ ____. ____ ____ ___ ___ not ____ ___ ___ the ____, ____ ____ ____ ____ ____ ___ the ____ __ ___ ____. ____ ____.

Go on to the 156 page

Story Writing

그 아이들은 붐비는 지붕의 한가운데에 앉혀졌습니다. 그 긴장한 아이들은 달리는 기차로부터 떨어지는 것을 피하기 위해서 그들의 부모와 함께 앉아있었습니다. 사람들은 이번에 힘들고, 지루한 여행을 가질 것을 예상했습니다. 기차의 내부는 한여름 열기로 가득했습니다. 특별히 오늘처럼 건조한 더운 날에는 아무도 열기 가득한 기차 안에 있는 것이나, 문에 매달리는 것을 좋아하지 않았습니다. 그 문은 작은 치수로 만들어졌습니다. 그러나 사람들은 그 기차에 올라타기 위해서 이 키 크기의 기차의 문에 필사적으로 매달렸습니다. 모두가 기차에 올라타는 것에 성공한 것은 아니었습니다. 대부분은 이 기차를 놓치지 않기를 원했지만, 몇몇 지친 사람들은 이 혼잡한 기차에 올라타기 위해서 애쓰는 것을 그만두었습니다. 며칠 전에 기차사고가 있었습니다. 그들은 그 끔찍한 사고를 보았던 것을 기억했기 때문에, 과적된 기차의 지붕 위에 앉는 것 대신에 그들은 다음날로 그들의 출발하는 것을 연기했습니다. 그 기차는 안팎으로 과적되어있었습니다. 그 기차는 여전히 많은 사람들에 의해 둘러싸여 있었습니다.

주어 + 동사 (+ 목적어) + 전치사 + Be동사 + 부사 + to부정사/in order to + 동명사, 가주어 It **+ 분사, 수동태**

The _____ ____ _____ ___ the _____ ___ the _____ _____. The _____ _____ _____ _____ _____ ____ the _____ _____. _____ _____ ___ ____ a ____ and _____ _____ _____ _____. The _____ the _____ ____ _____ ____ the _____ _____. _____ ___ the _____ ____ ___ _____, ___ ____ _____ ___ ___ _____ a _____-_____ _____ or _____ ___ the _____. The _____ ____ _____ _____, but _____ _____ _____ __ _____ _____-_____ _____ the _____ __ ____ ___ the _____. ____ _____ ____ _____ ___ ____ __ the _____. _____ _____ _____ _____ ___ _____ __ _____, but _____ _____ __ _____ __ _____ _____ _____ _____. _____ ____ _ railroad _____ a __ _____ ____. _____ ____ _____ _____ the _____ _____, _____ _____ _____ _____ ___ the _____ _____ _____ ___ _____ ___ the _____ _____ _____ ___ the _____. The _____ ____ ___ ____ _____. The _____ ____ _____ _____ ___ _____ _____.

Go on to the 156 page

Story Writing

Paragraph 3

한 평범하게 생긴 남자가 기차에 올라탔습니다. 그는 마르고, 키가 작았습니다. 기차는 이미 사람들로 빽빽하게 채워져 있었기 때문에 빈틈없이 서있는 사람들을 뚫고 지나가는 것이 쉽지 않았습니다. 그가 막 올라탔을 때, 사람들은 비좁은 복도 이곳저곳에 앉아있었습니다. 그 복도는 앉아있는 사람들에 의해서 걸어서 지나가기에 너무 좁아졌습니다. 그는 벽을 따라 걷기위해서 벽 쪽으로 그의 몸을 옮겼습니다. 그는 그의 균형을 잃지 않기 위해서 조심스럽게 발을 내딛었습니다. 바로 그 순간에, 그는 실수로 무엇인가에 발이 걸렸습니다. 그 좁은 통로 때문에 그는 균형을 잃고, 바닥에 넘어졌습니다. 바닥은 먼지로 덮여 있었습니다. 그는 그의 머리가 나무로 된 의자에 충돌하는 것을 간신히 피했습니다. 그는 아무에게도 도움이나 관심을 받지 못했습니다. 그의 왼쪽 발이 누군가에 의해서 세게 밟혔습니다. 그는 얼른 그의 밟힌 발을 뺐습니다. 그는 또 이어서 밟히는 것을 피했지만, 그의 왼쪽 신발이 벗겨졌습니다. 다행히도 그는 다치지 않았지만, 그의 왼쪽 신발이 사라졌습니다.

주어 + 동사 (+ 목적어) + 전치사 + Be동사 + 부사 + to부정사/in order to + 동명사, 가주어 It **+ 분사, 수동태**

Paragraph 3

A _____ _____ ___ ___ __ the _____. ___ ____ _____, _____. _____ the _____ ____ _____ _____ _____ _____ _____, __ wasn't _____ __ _____ _____ the _____ _____. ___ ____ __ __ __ __ ___, _____ _____ ___ the _____ _____. The _____ _____ ___ the _____ _____ ___ _____ _____. ___ _____ _____ ___ the _____ _____ _____ the _____. ___ _____ ____ _____ not __ _____ _____ _____. __ _____ _____, _____ _____ _____ _____ _____. __ the _____ _____, ___ _____ ___ _____ and ____ _____ __ the _____. ____ _____ ___ _____ _____ _____. _____ _____ _____ ___ _____ _____ a _____ _____. __ __ _____ or _____ __ __ ___. ___ ____ _____ _____ _____ _____ _____. __ ____ ____ __, __ _____ _____ ____. __ _____ _____, ____ his _____ _____ ____ _____ _____. _____ _____, ____ ____ left _____ _____ _____.

Go on to the 156 page

Story Writing

Paragraph 4

그는 그 잃어버린 신발을 찾기 위해서 바닥을 둘러보았습니다. 그는 그의 신발을 보았습니다. 그것은 바로 문 옆에 있었습니다. 그 문은 사람들로 메워져있었습니다. 그는 고개를 숙이고, 문 쪽을 향해서 기어가는 것을 시작했습니다. 그는 한 여자에 의해서 옆으로 밀렸습니다. 그 여자는 그녀의 짐을 가지고 바닥에 앉아 있었습니다. 그 여자는 그녀의 어렵게 찾은 자리를 지키기 위해서 움직이는 것을 원하지 않았습니다. 그 여자는 그를 밀지 않은 척했습니다. 그는 아무 말도 하지 않고, 그 신발 쪽으로 기어가는 것을 계속했습니다. 그는 사람들의 다리 사이로 그의 굴러다니는 신발을 보았습니다. 그가 그 신발 쪽으로 가까이 왔을 때, 그는 그의 신발을 잡기위해서 조심스럽게 그의 손을 뻗었습니다. 그의 손이 그 신발에 거의 도달했을 때, 누군가 그의 손등을 밟았습니다. 그리고 실수로 그 신발을 찼습니다. 그 신발은 문 밖으로 차였습니다. 신발은 밖으로 날아갔습니다.

주어 + 동사 (+ 목적어) + 전치사 + Be동사 + 부사 + to부정사/in order to + 동명사, 가주어 It **+ 분사, 수동태**

Paragraph 4

___ _____ _____ the _____ ___ ____ the _____ _____. ___ _____ ____ _____ . ___ ____ ____ _____ ___ the _____. The _____ ___ _____ ___ _____ ___ _____ . ___ _____ _____ the _____. ___ ____ _____ ___ the _____ ___ a _____ . The _____ _____ ___ the _____ _____ _____ ____ _____ . The _____ _____ _____ . ___ _____ _____ a _____ and _____ _____ ____ the _____. ___ _ _____ _____ _____ _____ _____ _____ . _____ ___ ____ _____ _____ _____ the _____, ___ _____ ___ _____ ___ _____ _____ his _____. ___ ____ _____ _____ _____ the _____, _____ _____ ___ the _____ ___ _____ _____ and _____ _____ the _____. The _____ _____ _____ ____ the _____. ____ _____ _____ _____.

Story Writing

Paragraph 5

그는 기어가는 것을 멈추었습니다. 그리고 그 신발을 보기위해서 고개를 들었습니다. 그가 몸을 일으켰을 때 그는 땀투성이였습니다. 기차의 내부는 매우 더웠습니다. 그는 창문을 통해서 그의 날아간 신발을 보았습니다. 그것은 땅바닥에 무관심하게 놓여 있었습니다. 그는 그의 신발을 주워줄 것을 몇몇 지나가는 사람들에게 부탁했습니다. 그러나 그들은 그의 얼굴조차 쳐다보지 않았습니다. 그들은 그를 위해서 그 신발을 주워주는 것을 거절했습니다. 모두가 매우 바빴기 때문에, 그들은 그에게 주의를 기울이는 것을 원하지 않았습니다. 그들은 이순간만은 마음이 좁은 사람들이 되었습니다. 주어진 상황 때문에 그들의 마음은 굳어졌습니다. 모두가 그저 그들의 긴 여행을 위해서 안전한 자리 잡는 것을 원했기 때문에, 그들은 그에게 귀 기울이는 것을 싫어했습니다. 그가 문 쪽으로 가기 위해서 벽을 따라 움직이려고 할 때, 그는 앉아있는 사람들에 의해서 방해 받았습니다. 그들은 그를 위해서 지나가는 길을 만들어주는 것을 꺼려했습니다.

주어 + 동사 (+ 목적어) + 전치사 + Be동사 + 부사 + to부정사/in order to + 동명사, 가주어 It **+ 분사, 수동태**

Paragraph 5

___ _____ _____ and _____ ___ _____ __ ____ the _____.
_____ __ ___ __, ___ ___ ____ ___ ___ _____. _____ __ the
_____ __ ___ _____. _____ _____ _____ ____ _____ the
_____. __ was _____ _____ _____ the _____. ___ _____
_____ ___ _____ _____ _____ ___ ____ _____, but _____
____ _____ ___ _____ _____ _____ ___.
___ the _____ ___ ___ _____. ___ _____ _____ _____,
____ _____ _____ ___ ____ ___ ___ _____. ___ _____
_____ ____ -_____ _____ _____ ____ ____ _____ _____.
_____ ___ the _____ _____ _____, _____ _____
_____. _____ ___ _____ ___ ___, ____ _____ _____,
_____ ____ ___ ___ ___ a ____ _____ _____.
_____ ____ ___. ___ _____ _____ _____ the _____ __
___ ___ the _____, _____ _____ _____ __ ____ _____.
_____ _____ ___ _____ a _____ _____ _____.

Story Writing

Paragraph 6

그가 사람들로 꽉 채워진 문을 헤치고 거의 길을 만들었을 때, 기차가 출발하기 위해 갑자기 기적을 울렸습니다. 기차가 움직이는 것을 시작하자, 사람들은 기차에 올라타기 위해서 문 안으로 그들의 몸을 밀어 넣었습니다. 그 문은 다시 사람들로 메워졌습니다. 기차는 천천히 속도를 높이는 것을 시작했습니다. 신발이 그렇게 멀리 있지 않았습니다. 그러나 그는 움직이는 기차에서 내리는 것을 망설였습니다. 비록 그 과적된 기차는 저속으로 움직였지만, 그는 그 신발을 가지고 돌아오기 위해서 충분한 시간이 없다는 것을 알았습니다. 그는 그 신발을 포기하는 것을 결심했습니다. 그는 그 천천히 움직이는 기차에서 내리지 않고, 잠시 동안 무엇인가를 생각했습니다. 그는 즉시 그의 오른쪽 신발을 벗었습니다. 그리고 열린 창문으로 몸을 구부렸습니다. 그는 아무런 망설임 없이 그것을 밖으로 쉽게 던졌습니다. 그 신발은 왼쪽 신발 쪽으로 던져졌습니다. 그는 땅바닥에 있는 그의 왼쪽 신발 근처에 그 신발이 떨어지는 것을 원했습니다. 그것들은 말할 것도 없이 그의 유일한 신발이었습니다. 그가 그의 신발 던지는 것을 끝낸 후에, 그는 작은 공간을 찾았습니다. 그는 덜컹거리는 문 옆에 조용히 앉았습니다. 그는 숨을 가다듬었습니다. 그는 침착하고, 조용했습니다.

주어 + 동사 (+ 목적어) + 전치사 + Be동사 + 부사 + to부정사/in order to + 동명사, 가주어 It **+ 분사, 수동태**

Paragraph 6

_____ he _____ _____ _____ _____ _____ the _____ _____ with _____, the _____ _____ _____ _____ __ _____. ___ the _____ _____ __ _____, _____ _____ _____ _____ _____ the _____ __ _____ __ the _____. The _____ _____ _____ _____ _____ _____. The _____ _____ _____ _____ _____ __. The _____ _____ _____ _____ _____, but ___ _____ to ___ ___ the _____ _____. _____ _____ the _____ _____ _____ __ a _____ _____, _____ _____ __ _____ the _____ _____. ___ _____ ___ _____ ___ the _____. ___ _____ _____ _____ the _____ _____ _____ and _____ _____ _____ a _____. ___ _____ _____ _____ his _____ _____ and _____ _____ __ the _____ _____. ___ _____ _____ _____ out _____ _____ _____. The _____ _____ _____ _____ the _____ __ the _____ _____. ___ _____ the _____ _____ __ _____ _____ _____ _____ _____ __ the _____. _____ _____ __ _____ _____ _____ _____, __ _____ a _____- _____ _____. ___ _____ _____ _____ the _____ _____. __ _____ a _____. ___ _____ _____ and _____.

Go on to the 156 page

Story Seven_ 과거·현재분사 & 수동태

Story Writing

Paragraph 7

기차 안에 있던 한 남자가 그것을 보았습니다. 그는 어리둥절했습니다. "당신은 그것들이 당신 것이 아닌 것처럼 행동하는군요. 당신은 중요한 무엇인가를 놓치고 있는 것 같아요. 당신은 대륙을 가로질러서 여행하게 될 텐데. 당신, 당연히 그거 알죠. 그렇죠? 나는 당신이 여분의 신발 한 켤레를 가지고 있든 없든 관심 없지만, 나는 신발 없이 여행하는 것을 권하지 않아요. 나는 당신을 아는 것에 흥미가 없어요. 나는 당신이 신발을 던진 것을 이해 못하겠군요." 그 남자는 그에게 고개를 돌려서 퉁명스럽게 물었습니다. 그는 조용히 말했습니다. "비록 나는 사실 맨발로 여행하는 것이 계획은 아니었지만, 나는 나의 신발을 밖으로 던진 것을 후회하지 않아요. 이걸 상상해 보세요. 그 왼쪽 신발이 어떤 가난한 사람에 의해서 우연히 주워졌어요. 만일 그가 신고 있는 아무 신발도 가지고 있지 않다면, 오른쪽 신발도 틀림없이 필요하게 되겠지요. 만일 당신이 그런 상황이라면, 당신은 단지 남겨진 신발 하나를 가지고 도대체 무엇을 할 수 있겠어요? 어쨌든 그것들은 더 이상 내 신발이 아니에요." 그는 미소와 함께 신발을 신기위한 몸짓을 했습니다.

Paragraph 7

A ___ ___ the _____ ___ __. ___ ___ _____. "___ ___ ___ ___ ___ not _____. _____ _____ _____ _____ _____. _____ _____ _____ _____ _____ _____ the _____. ___, __ _____, _____ _____, _____ _____? _ _____ _____ _____ _____ _____ _____ _____ _____ _____ ___ not, _____ _ _____ _____ _____ _____ _____ _____ _____ _____. I ___ _____ __ _____ _____. I _____ _____ _____ _____ _____." the _____ _____ _____ _____ _____ _____ and _____ _____. __ _____ _____, "_____ I _____ _____ _____, _ __ _____ _____ _____ _____ _____ _____ _____. _____! ___ _____ _____ was, ___ _____, _____ ___ ___ a _____ ___. If __ _____ _____ _____ _____ _____, the _____ _____ ___ __ _____ _____ _____. If ___ _____ ___…. ____ could _____ _____ __ _____ _____? __ _____ _____, _____ ___ not __ _____ _____." __ _____ a _____ ___ _____ _____ a _____.

Story Writing

그는 그에게 아무 일도 없었던 것처럼 말하면서, 준비된 다른 신발 한 켤레를 가지고 있는 척했습니다. 그는 신발을 신지 않은 것을 마음에 꺼리지 않았습니다. 그는 말하는 것을 끝내고, 커튼이 쳐진 창밖을 바라보았습니다. 창문은 절반쯤 커튼이 처져있었습니다. 그는 고개를 돌렸습니다. 그리고 그의 얼굴을 부드럽게 닦았습니다. 이 남자는 나중에 신뢰 받는 정신적인 그리고 정치적인 지도자가 되었습니다. 그는 "간디"라고 불렸습니다.

주어 + 동사 (+ 목적어) + 전치사 + Be동사 + 부사 + to부정사/in order to + 동명사, 가주어 It **+ 분사, 수동태**

__ __ _____ _____ _____ _____ _____ ___ ____, ____ _____ ___ _____ _____ _____ _____ of _____. ___ _____ ____ not _____ _____. ___ _____ _____ and _____ ____ the _____ _____. The _____ ____ _____ _____. ___ _____ ____ _____ and _____ _____ ____ _____. _____ _____ _____ a _____ _____ _____ _____ _____. ___ ____ _____ "_____".

Go on to the 157 page

Story Seven _ 과거 · 현재분사 & 수동태

Review Sentence Writing

1   그 실험은 조심스럽게 기획되었습니다.
   _____

2   그 비밀은 그에 의해서 밝혀졌습니다.
   _____

3   강한 조명에 의해서 나의 눈은 손상되었습니다.
   _____

4   박물관의 방침에 따라 사진을 찍는 것은 금지되어 있습니다.
   _____

5   마침내, 그 숨겨진 사원은 그들에 의해서 발견되었습니다.
   _____

6   그는 즉시 사람들에 의해서 구조되었습니다.
   _____

Word Tips 1. experiment, designed   2. revealed   3. damaged, light   4. prohibited, policy   5. hidden, discovered   6. rescued, immediately

7   몇몇 여행객들은 새로운 문화에 당황했습니다.
   _____

8   오직 허가된 직원만이 이곳에 들어오는 것이 허락됩니다.
   _____

9   그 곤충들은 종종 물가에서 발견됩니다.
   _____

10 나는 유전공학을 공부하는 것에 흥미가 있습니다.
   _____

11 그 신상품은 곧 광고가 될 겁니다.
   _____

12 그 집은 100년 전에 지어졌습니다.
   _____

13 화가 Picasso는 잘 알려져 있습니다.
   _____

14 자판기는 도서관 옆에 위치해 있습니다.
   _____

Word Tips 7. embarrassed, culture   8. authorized personnel, permitted   9. insects, near, water's edge/waterside   10. am interested in, genetic engineering   11. product, advertised   12. built, ago   13. well-known   14. vending machine, located, next to

15　저녁은 오후 5시에 제공됩니다.
_____

16　기름에 튀긴 닭은 모두 팔렸습니다.
_____

17　그 두 물건은 끈으로 서로 연결되어 있습니다.
_____

18　그 새로운 공연은 올해의 공연으로 수상되었습니다.
_____

19　중고 책들은 Max 책방에서 판매됩니다.
_____

20　사람들의 마음은 정확하게 예측되지 않습니다.
_____

Go on to the 157 page

Word Tips 15. served, at   16. all sold out   17. objects, connected, string   18. performance, awarded, a year of   19. sold at   20. predicted, accurately

Story Word List

문법을 배우고, 배운 문법을 활용하여 글이 되는지 확인했다면, 예문을 통해 외워두는 것이 가장 좋은 방법입니다. 빈 칸을 채우면서 써본 각 Story의 문장을 이해할 수 있도록, 각 Story별로 전개 순서에 따라 제시된 어휘 및 어구의 앞·뒤 내용을 생각하면서 문장을 만들고, 소리 내어 말해 보기 바랍니다.

Story One

The last train
arrived/came
In hot weather
waited for
pushed
shouted
one another
rushed
climbed to
on top of the train
fought
got on
filled the train
tripped over
lost the balance
fell down
cared
stepped on
left foot
pulled out
lost
crawled
stretched out
grabbed
kicked the shoe out
raised his head
pay attention
a safe seat
Right then
gave up
for a moment
took off
bent over
threw
out the window
What are you doing?
an extra pair of shoes
Imagine
picks up/finds
What do you think he is going to do?
Probably

Later
Gandhi

Story Two

arrived at/came to
the station
from Zambia
Despite
the hot weather
stopped
at the platform
toward the train
rushed for
ran into
one another
in and around
climbed from
side and back
roof/top of the train
among them
clung to/held on to
the door of the train
got on
the train
filled the train
tripped over
lost the balance
fell down on the floor
cared about him
pulled out
came off
looked around
under a chair
crawled toward
between people's legs
stretched out
flew out
through the window
sat up (himself)
for his long trip

pay attention to
a safe seat
for their long trips
along the wall
came down
get off
on the ground
for a moment
out the window
without any hesitation
landed
near his left shoe
against the wall
after he threw the shoe out the window
without shoes/with no shoes
across the continent
with just one shoe
with a smile
acted like/as if
nothing happened

Story Three

the last train
the steaming hot weather
in and around
everyone was tired
all over the place/here and there
with their parents
thin and short
narrow
pulled out
came off
looked around
next to the door
through the window
raised his head
sweated
Inside (of) the train
rolled over (about) the ground
came down the door

that far
get off
his only shoes
calm and silent
Aren't they yours?
turned his head
with just one shoe
By the way
anymore
wiped his face
looked out

Story Four

Slowly
usually
on time
late
the last train
patiently
frequently
for their work
Furthermore/Moreover/In addition
often
take the train
long-distance travel/a long journey
hastily/hurriedly
aggressively/violently
already
desperately
By the time
densely
the aisle
too narrow
mistakenly
strongly
quickly
Luckily
wasn't hurt
looked around
right next to

carefully
almost reached
accidentally/mistakenly
flew out
so hot
obviously/definitely
carelessly
eagerly
As/When
along the wall
reluctantly
made way
almost came down
suddenly
Even though
that far
readily took off
simply
landed near
needless to say
quietly sat
against the wall
whether ~ or not
of course
turned his head to
bluntly
asked
by chance
possibly
definitely need
softly/tenderly
with a smile
gently wiped

Story Five

to go to Bombay
a little late
today
waited to take
to work at the city

To wait
everyday experience
As soon as
hastily/hurriedly
to take/get a seat
to find some spaces
To sit on the roof
not to fall from
not to miss
have already filled
To pass through
troublesome
carefully took steps
not to lose his balance
shifted
to walk easily
At that very moment
to avoid another stepping
around the floor
to find
to grab
accidentally
to see
the shoe
Inside (of) the train
through the window
to ask
to pick up
were reluctant
to make way
to go to the door
whistled to depart
thrust their body/themselves into
to get on the train
slowly sped up
to get off the train
to bring/get/have ~ back
decided
not to get off the train
to throw
to land
to take a breath
to underestimate

Story Word List 143

to travel barefoot
regret to throw out
in that situation
pretended
to have
a new pair of shoes
made a gesture
to wear/put on
to look out

Story Six

Waiting for
the only train
kept waiting
this heat
in waiting
at the near city
using the train
to use the train
the railroad company
delayed leaving for
any notice today
its coming late
started packing
their belongings/stuff
moving
to take/get a seat
went up to
to find some spaces
sitting on the roof
appreciated sitting
in this condition
seated their children
in the center of
to avoid falling
anticipated/expected having
a hard time
enjoyed/liked being in
clinging to
miss this train

gave up trying
remembered seeing/witnessing
the tragic accident
a few days ago
postponed
their leaving
the following day/next day
instead of sitting
on the roof
plain looking
densely
passing/getting through
sat everywhere
to walk through
shifted his body
not to lose
the narrow aisle
almost bumped
barely avoided bumping
avoided another stepping
began/started crawling
to take her seat
didn't say a word/said nothing
continued crawling
Crawling on the floor
came close to
stopped crawling
to pick up
refused to pick up
didn't like/disliked listening
to make way
began/started moving
began/started thrusting
began speeding up
An old lady
next to the door
advised not to get off
suggested
staying in/to stay in
considered taking
the next the train
finished throwing
without wearing shoes

seem to miss
your throwing shoe
regret throwing out
a new pair of
mind not wearing
finished (his) talking

Story Seven

was delayed again
a delayed train
was scheduled
the last scheduled train
steaming hot
this sizzling heat
were used to
the distanced city
construction of railways
/railroading
promoted
the rapid growth
was frequently used to
this growing city
the railroad fare/train fare
this newly introduced train
for such long trips
an appointed time
was delayed leaving for
any notice today
were put
the bustling station
started packing
their belongings/stuff
was guided into
the waiting line
the station staffs
the approaching train
was crowded with
the crowded platform
the boiling hot summer weather
the gathered people

was covered with
the coal dirt
the black-coated roof
extra spaces
was full with
this chasing condition
were seated
in the center of
the crowded roof
nervous children
the running train
hard and boring
this time
was filled with
the midsummer heat
the drying hot day
a heat-filled train
was sized small
this height-sized door
some tired people
this congested train
a railroad accident
the following day/next day
the overloaded roof
was overloaded in and out
was still surrounded by
many people
A plain looking man
already densely filled with
to pass/get through
the tightly/closely standing people
the cramped aisle
was too narrowed by
the sitting people
to walk through
carefully took steps
not to lose his balance
the narrow aisle
was covered with
a wooden chair
was helped
cared by no one
was strongly stepped by

his stepped foot
following stepping
was slipped off
was gone
the lost shoe
was jammed by/with
was pushed
to the side
with her baggage
her hard found seat/space
pretended
not to push him
his rolling shoe
on the back of his hand
was kicked out
all in sweat
his flown shoe
was carelessly rolled over (about)
some passing people
even look at
narrow-minded people
only at this moment
given condition
was hardened
was bothered by
the sitting people
a passing way
made his way out
the packed door with/by
was jammed
the moving train
the overloaded train
at a low speed
the slow moving train
for a moment
the open window
The shoe was thrown
 in the direction of
a small-spaced room
the rattling door
was puzzled/confused
am not interested in
didn't actually plan

barefoot
regret throwing out
was, by chance, picked up/found
a poor man
any wearing shoes
will be definitely needed
one left shoe
another prepared pair of shoes
mind not wearing shoes
the curtained window
was half curtained
trusted
spiritual
political
leader

Writing Answer? NO!!
Writing Guideline

하나의 문장은 개인의 문법 지식이나 감각 또는 단어의 선택에 따라 다양하게 번역될 수 있기 때문에 어느 특정 문장이 맞고, 그 이외의 다른 문장을 틀렸다고 말 할 수 없습니다. 다만 '더 적절한가?' 라는 기준은 있을 수 있습니다. 이곳에 제시된 문장을 Guideline으로 생각하기바랍니다. 여러분이 완성한 문장과 비교할 대상이 필요하므로 제시했습니다.

● Story One

Preview the Story Sentence

1. The last train arrived.
2. He lost the balance.
3. No one helped or cared.
4. He raised his head.
5. He moved his body.
6. He gave up the shoe.
7. He thought for a moment.
8. He bent over and threw it out.
9. A poor man picks up the left shoe.

₁The last train ₂arrived. In hot weather, ₁people ₂waited for this train. ₁People ₂pushed and ₂shouted to one another. ₁People ₂ran. ₁Everybody ₂rushed.

₁They ₂climbed to the roof. ₁Many people ₂sat on top of the train. Young ₁children ₂sat there, too. ₁Some people ₂fought.

₁A man ₂got on. ₁People ₂filled the train. ₁He ₂tripped over something. ₁He ₂lost the balance and ₂fell down. ₁No one ₂helped or ₂cared. ₁Someone ₂stepped on his left foot. ₁He ₂pulled out his foot. ₁The man ₂lost his left shoe.

₁He ₂saw his shoe. ₁He ₂crawled. ₁He ₂stretched out his hand. ₁He ₂grabbed the shoe, but ₁someone ₂kicked the shoe out.

₁He ₂raised his head. ₁He ₂needed the shoe. ₁People ₂didn't pay attention. ₁Everybody just ₂wanted a safe seat. ₁He ₂moved his body.

Right then, ₁the train ₂moved. ₁He ₂didn't have time. ₁He ₂gave up the shoe. ₁He ₂thought for a moment and ₂took off his right shoe. ₁He ₂bent over and ₂threw it out the window.

₁A man in the train ₂saw it. "₁What ₂are you doing? ₁You ₂don't need shoes or ₁you ₂have an extra pair of shoes?" ₁the man ₂asked. "₂Imagine this! ₁A poor man ₂picks up the left shoe. What do you think ₁he ₂is going to do? Probably ₁he ₂needs the right shoe." ₁he ₂smiled. Later ₁people ₂called him "Gandhi".

Review Sentence Writing

1. ₁Bobby ₂reads a book.
2. ₁I ₂do the homework.
3. ₁He ₂doesn't know my taste.
4. ₁I ₂bought a watch.
5. ₁People ₂watched the game.
6. ₁My friends ₂celebrated my birthday.
7. ₁He ₂reserved a seat.
   ₁He ₂made a reservation a seat.
8. Did ₁you ₂understand it?
9. ₁Sam ₂offers his seat.
10. ₁He ₂missed his step.
11. ₁I ₂lost self-control.
12. ₁We ₂looked at her.
13. ₁Emma ₂had chicken soup.
14. Do ₁you ₂need a blanket?
15. ₁David ₂did not answer.
16. ₁People ₂need a rest.
17. ₁He ₂organized his plan.
18. Do ₁you ₂want some water?
19. ₁He ₂fixed the computer.
20. ₁You ₂solved the problem.

● Story Two

Preview the Story Sentence

1. The last train arrived at the station from Zambia.
2. A man got on the train.
3. No one helped or cared about him.
4. Everybody just wanted a safe seat for their long trips.
5. The shoe landed near his left shoe on the ground.
6. He sat against the wall.
7. What do you think he is going to do with just one shoe?

The last train arrived at the station from Zambia. Despite the hot weather people waited for this train from the morning. Before the train stopped at the platform, people ran toward the train. Everybody rushed for their seat. They ran into the train. People pushed and shouted to one another in and around the train.

They climbed from side and back of the train. Many people sat on the roof of the train. Young children sat there among them, too. Some clung to the door of the train.

A man got on the train. People filled the train. He tripped over something. He lost the balance and fell down on the floor. No one helped or cared about him. Someone stepped on his left foot. He pulled out his foot, but his left shoe came off. The man lost his left shoe.

He looked around. He saw his shoe under a chair. The man crawled toward the chair. He saw his shoe between people's legs. He stretched out his hand. He grabbed the shoe, but someone kicked the shoe. The shoe flew out. He saw his shoe through the window.

He raised his head and sat up. He needed the shoe for his long trip. People didn't pay attention to his shoe. Everybody just wanted a safe seat for their long trips. He moved his body along the wall.

He came down the door. Right then, the train moved. He knew he didn't have time. He didn't get off the train. He gave up the shoe on the ground. He thought for a moment and took off his right shoe. He bent over and threw it out the window without any hesitation. The shoe landed near his left shoe on the ground. He sat against the wall after he threw the shoe out the window.

A man in the train saw it. "What are you doing? Are you going to travel without shoes? Or you don't need shoes? Do you have an extra pair of shoes? You are going to travel across the continent." the man asked. "Imagine this! A poor man picks up the left shoe. What do you think he is going to do with just one shoe? Probably he needs the right shoe." he said with a smile. He acted like nothing happened. Later people called him "Gandhi".

Review Sentence Writing

1   I know the restaurant on 5th street.
2   Alice bought the shoes at the department store.
3   My brother left for California.
4   You look good/great/fine in this picture.
5   He gave this for free/nothing.
6   The tie does not go with him.
7   I cut my finger on a knife.
8   I don't know about you.
9   Do you have time on Saturday afternoon?
10 He is on duty at present.
11 Michel found a cat under the desk.
12 Make yourself at home.
13 She sent a message between 1 p.m. and 2 p.m..
14 I ordered it in the Internet.
15 I purchased this dress on a summer sale.
16 Sarah likes Kim-chi from Korea.
17 I wake up at six.
18 Is this a special menu for today?
19 I'm allergic to fish.
20 I went there with her.

● Story Three

Preview the Story Sentence

1   Many people were in and around the station.
2   He was thin and short.
3   He lost the balance and fell down on the floor.
4   They were his only shoes.
5   The shoe wasn't that far.
6   You have an extra pair of shoes?
7   You are going to travel across the continent.
8   They are not my shoes anymore.

The train arrived at the station from Zambia. It was the last train to Bombay. Despite the steaming hot weather people waited for this train from the morning. Many people were in and around the station. Before the train stopped at the platform, people ran toward the train. People pushed and shouted to one another around the train. Because everyone was tired, they rushed for a seat. They ran into the train.

They climbed from beside the train and behind the train. Many people were on the train. They sat all over the place on the roof. There were children among them. The children sat there with their parents. Some clung to the door of the train.

A man got on the train. He was thin and short. People filled the train. Because the aisle was narrow, he tripped over something. He lost the balance and fell down on the floor. No one helped or cared about him. Someone stepped on his left foot. He pulled out his foot, but his left shoe came off. The man lost his left shoe.

He looked around. He saw his shoe. It was next to the door. He crawled toward the door. He saw his shoe between people's legs. He stretched out his hand. He grabbed the shoe, but someone kicked the shoe. The shoe flew out. He saw his shoe through the window. It was on the ground.

He raised his head and sat up. He sweated. Inside the train was so hot. He needed the shoe for his long trip. The shoe was rolled over the ground. People didn't pay attention to his shoe. Everybody was busy. Every body just wanted a safe seat for their long trips. He moved his body along the wall.

He came down the door. The shoe wasn't that far. Right then, the train moved. He knew he didn't have time. He didn't get off the train. He gave up the shoe on the ground. He thought for a moment and took off his right shoe. He bent over and threw it out the window without any hesitation. The shoe landed near his left shoe on the ground. They were his only shoes. He sat against the wall after he threw the shoe out the window. He was calm and silent.

A man in the train saw it. "What are you doing? Aren't they yours? Are you going to travel without shoes? Or you don't need shoes? Do you have an extra pair of shoes? You are going to travel across the continent." the man turned his head and asked. "Imagine this! A poor man picks up the left shoe.

What do you think he is going to do with just one shoe? Probably he needs the right shoe. By the way, they are not my shoes anymore." he said with a smile. He acted like nothing happened to him. He wiped his face and looked out the window. Later people called him "Gandhi".

Review Sentence Writing

1 This is the gift from John.
2 Where are you going now?
3 The insects are in and around the house.
4 I was there yesterday.
5 I am going to do without a partner.
6 I am going to go there alone.
7 No one was in the room.
8 The ring in the box was small and pretty.
9 The cat was not behind the door.
10 The water was warm.
11 The chair was uncomfortable.
12 The question in this page is difficult.
13 It was not the solution for me.
14 Peter was right next to my car.
15 Today's special is pasta.
16 The summer house was big and clean.
17 I am positive about it.
18 It is raining cats and dogs.
19 It is a downright/complete lie.
20 I am not a physician. I am a surgeon.

● Story Four

Preview the Story Sentence

1 The train usually came on time.
2 People patiently waited for this train from the morning.
3 People frequently used the train for their work.
4 People aggressively pushed and shouted to one another.
5 Many people were already on the train.

6   He almost reached the shoe.
7   He obviously needed the shoe for his long trip.
8   People reluctantly made way for him.

Slowly the last train arrived at the station from Zambia. The train usually came on time, but it was late today. It was the last train to Bombay. Despite the steaming hot weather, people patiently waited for this train from the morning. Because People frequently used the train for their work, many people were in and around the station. Furthermore, people often take the train for their long-distance travel. Before the train stopped at the platform, the people hastily ran toward the train. People aggressively pushed and shouted to one another around the train. Because everyone was tired, they rushed for a seat.

While they ran into the train, some people climbed from side and back of the train. Many people were already on the train. They sat all over the place on the roof. There were children among them and the children sat there with their parents. Some desperately clung to the door of the train.

A man got on the train. He was thin and short. By the time he got on, people have already filled the train densely. Because the aisle was too narrow, he mistakenly tripped over something. He lost the balance and fell down on the floor. No one helped or cared about him. Someone strongly stepped on his left foot. He quickly pulled out his foot. Luckily he wasn't hurt, but his left shoe came off. The man lost his left shoe.

He looked around. He saw his shoe. It was right next to the door. He crawled toward the door. He saw his shoe between people's legs. He carefully stretched out his hand. When he almost reached the shoe, someone accidentally kicked the shoe. The shoe flew out.

He raised his head and sat up. He sweated. Inside the train was so hot. He saw his shoe through the window. It was on the ground. He obviously needed the shoe for his long trip. The shoe was carelessly rolled over the ground. People didn't pay attention to his shoe. Everybody was very busy. Everybody just eagerly wanted a safe seat for their long trips.

As he moved his body along the wall, people reluctantly made way for him.

He almost came down the door. Right then, the train suddenly moved. Even though the shoe wasn't that far, he knew he didn't have enough time. He didn't get off the train. He gave up the shoe on the ground. He thought for a moment and readily took off his right shoe. He bent over and simply threw it out the window without any hesitation. The shoe landed near his left shoe on the ground. They were needless to say his only shoes. After he threw the shoe, he quietly sat against the wall. He was calm and silent.

A man in the train saw it. "What are you doing? Aren't they yours? I don't care whether you have an extra pair of shoes or not. You are going to travel across the continent. You, of course, know that." the man turned his head to him and bluntly asked. "Imagine this! A poor man, by chance, picks up the left shoe. What do you think he is possibly going to do with just one shoe? If he doesn't have any shoes, he will definitely need the right shoe. By the way, they are not my shoes anymore." he softly said with a smile. He acted like nothing happened to him. He gently wiped his face and looked out the window. Later, people called him "Gandhi".

Review Sentence Writing

1   Mr. and Mrs. Wilson usually come back home at 8.
2   We discussed the matter seriously.
3   Probably you are right.
4   You barely know about him.
5   He anxiously waited for the result.
6   They are obviously different.
7   Actually I cannot go there.
8   Kenny ran over the hill desperately.
9   Fortunately you arrived on time.
10 Moreover three more people were there.
11 The defendant admitted honestly.
12 That shop assistant answered politely.
13 Suddenly a lamp fell from the ceiling.
14 Winds blow softly through the window.
15 The machine is extremely dangerous.

16 She quickly turned her head.
17 Finally they met after 10 years.
18 He passed the finish line easily.
19 Personally speaking, I do not like it that much.
20 I really don't care about it.

Story Five

Preview the Story Sentence

1 People patiently waited to take this train from the morning.
2 People frequently used this train to work at the city.
3 Some people climbed from side and back of the train to find some spaces.
4 He shifted his body to the wall to walk easily.
5 He quickly pulled out his foot to avoid another stepping.
6 He dropped his head and looked around the floor to find the shoe.
7 He carefully stretched out his hand to grab his shoe.
8 You seem to underestimate the toughness of the travel.

The train from Zambia slowly arrived at the station to go to Bombay. The train usually came on time, but it was a little late today. It was the last train to Bombay. Despite the steaming hot weather, people patiently waited to take this train from the morning. People frequently used this train to work at the city. Furthermore, people often took the train to travel across the country. Many people were in and around the station. To wait was everyday experience for them. As soon as the train stopped at the platform, the people hastily ran toward the train to take a seat. Because everyone was tired, they rushed for a seat. People aggressively pushed and shouted to one another around the train.

While they ran into the train, some people climbed from side and back of the train to find some spaces. Many people were already on the train. To sit on the roof was not safe, but they sat all over the place on the roof. There were children among them and the children sat there with their parents not to fall from the train. Some desperately clung to the door of the train not to miss this train.

A man got on the train. He was thin and short. By the time he got on, people have already filled the train densely. To pass through the people was troublesome. Because the aisle was too narrow, he carefully took steps not to lose his balance. He shifted his body to the wall to walk easily. At that very moment, he mistakenly tripped over something. He lost the balance and fell down on the floor. No one helped or cared about him. Someone strongly stepped on his left foot. He quickly pulled out his foot to avoid another stepping. Luckily he wasn't hurt, but his left shoe came off. The man lost his left shoe.

He dropped his head and looked around the floor to find the shoe. He saw his shoe. It was right next to the door. He crawled toward the door. He saw his shoe between people's legs. He carefully stretched out his hand to grab his shoe. When his hand almost reached the shoe, someone accidentally kicked the shoe. The shoe flew out the door.

He raised his head and sat up to see the shoe. He sweated. Inside the train was so hot. He saw his shoe through the window. It was on the ground. The shoe was carelessly rolled over the ground. He needed to ask someone to pick up the shoe, but people didn't pay attention to him. Everybody was very busy. Everybody just eagerly wanted a safe seat for their long trips. People were reluctant to make way for him as he moved along the wall to go to the door.

He almost came down the door. Right then, the train suddenly whistled to depart. People thrust their body into the door to get on the train. The train slowly sped up. Even though the shoe wasn't that far, he hesitated to get off the train. He knew he didn't have enough time to bring the shoe back. He decided not to get off the train. He gave up the shoe on the ground. He thought for a moment and readily took off his right shoe. He bent over to throw the shoe out the window. He simply threw it out without any hesitation. He wanted the shoe to land near his left shoe on the ground. They were needless to say his only shoes. He quietly sat against the wall to take a breath after he threw the shoe. He was calm and silent.

A man in the train saw it. "You seem to underestimate the toughness of the travel here. You don't plan to travel barefoot, do you? I don't care whether you have an extra pair of shoes or not. You are going to travel across the continent. You, of course, know that." the man turned his head to him and bluntly asked. He softly said, "I don't regret to throw out the shoe. Imagine this! A poor man, by chance, picks up the left shoe. If he doesn't have any shoes, he will definitely need the right shoe. If you were in that situation···. What could you possibly do with just one shoe? By the way, they are not my shoes anymore." He pretended to have a new pair of shoes as he made a gesture to wear shoes. He acted like nothing happened to him. He turned his head to look out the window and gently wiped his face. Later people called him "Gandhi".

Review Sentence Writing

1 Sam called the company in order to get a job.
2 Please give me something to eat.
3 To find the record was difficult.
4 I saved money in order to travel during the vacation.
5 Harry likes to climb a mountain.
6 To exercise is necessary for our health.
7 She moved hurriedly in order to take a picture.
8 Frankly speaking, I came here in order to see you.
9 In order to calm down an angry man, we need a skill.
10 Tom wants to talk with the boss officially.
11 In order to avoid the dog on the street, he made a quick turn.
12 I purchased an incredibly expensive telescope in order to see the stars.
13 Which one do you like? To boil or to fry?
14 He underlined words in order to memorize effectively.
15 He returned to Chicago in order to help his mother.
16 People were in the square in order to see the performance.
There were people in the square in order to see the performance.
17 In order to check passengers, the police officer asked them to go through airport security.
18 We decided to leave early.
19 We have a monthly meeting in order to revise the program.
20 Generally, to persuade other people is difficult.

● Story Six

Preview the Story Sentence

1 They were patient in waiting.
2 The railroad company delayed leaving for Bombay without any notice today.
3 People anticipated having a hard time in this trip.
4 Passing through the people wasn't easy.
5 He began crawling(to crawl) toward the door.
6 The old lady suggested staying(to stay) in.
7 I don't understand your throwing shoe.
8 I do not regret throwing out my shoes.
9 He finished talking.

Waiting for a train was everyday experience for It was everyday experience for them to wait for a them. Because it was the only train for today to train.
Bombay, people kept waiting for the train from the early morning. The weather was steaming hot. Despite this heat, people patiently waited to take the train. They were patient in waiting. Most people worked at the near city. Because using the
                                                Because it was
train was cheap, people frequently used the train to cheap to use the train,

Writing Guideline 153

work at the city. Because people frequently used the train to work at the city. Furthermore, people often traveled across the country and they used the train for such long trips. The train usually came on time, but the railroad company delayed leaving for Bombay without any notice today. Because of its coming late, many people waited for the train in and around the station. The train slowly arrived at the station. People started packing their belongings and moving. The train stopped at the station. As soon as the train stopped at the platform, the people hastily ran toward the train to take a seat. They rushed for a seat. Because everyone was tired in the hot weather, people aggressively pushed and shouted to one another around the train.

While they ran into the train, some people climbed from side and back of the train. People went up to the roof to find some spaces. Many people were already on the train. They knew well sitting on the
     They knew well it was not safe
roof was not safe, but they just appreciated sitting
to sit on the roof,
on the roof in this condition. There were children among them. The parents seated their children in the center of the roof. The children sat with their parents to avoid falling from the train. People anticipated having a hard time in this trip. Especially in a hot day like today, no one enjoyed being in a train or clinging to the door, but people desperately clung to the door to get on the train. Not everyone got on the train. Most didn't want to miss this train, but some people gave up trying to get on the train. Because they remembered seeing the tragic accident a few days ago, they postponed their leaving to the following day instead of sitting on the roof. There were still many people around the train.

A man got on the train. He was thin, short, and plain looking. Because people already filled the train densely, passing through the people wasn't
    it wasn't easy to pass through the
easy. By the time he got on, people sat everywhere
people.
in the aisle. The aisle was too narrow to walk through. He shifted his body to the wall to walk along the wall. He carefully took steps not to lose his balance. At that very moment, he mistakenly tripped over something. Because of the narrow aisle, he lost the balance and fell down on the floor. His head almost bumped the wall. He barely avoided bumping his head against the wall. No one helped or cared about him. Someone strongly stepped on his left foot. Quickly he pulled out his foot. He avoided another stepping, but his left shoe came off. Luckily he wasn't hurt, but he lost his left shoe.

He looked around the floor to find the shoe. He saw his shoe. It was right next to the door. He dropped his head and began crawling toward the door. A woman pushed him to the side. She thought the man tried to take her seat. He didn't say a word. He saw his shoe between people's legs and continued crawling to the shoe. Crawling on
       It was hard
the floor was hard for him. When he came close to
for him to crawl on the floor.
the shoe, he carefully stretched out his hand to grab his shoe. As his hand almost reached the shoe, someone accidentally kicked the shoe. The shoe flew out.

He stopped crawling and raised his head to see the shoe. When he sat up, he sweated. Inside the train was so hot. He saw his shoe through the window. It was on the ground. The shoe was carelessly rolled over the ground. He asked some people to pick up his shoe, but they refused to pick up the shoe for him. Because everybody was very busy, they didn't want to pay attention to him. They didn't like listening to him, because everybody just wanted to take a safe seat for their long trips. As he tried to move along the wall to go to the door, people were reluctant to make way for him.

When he almost came down the door, the train suddenly whistled to depart. As the train began moving, people began thrusting their body into the door to get on the train. Even though the shoe wasn't that far, he knew he didn't have enough time to bring the shoe back. The train slowly began speeding up and he hesitated to get off the train. An old lady next to the door advised not to get off the train. The old lady suggested staying in. He considered taking the next the train to pick up the shoe, but he finally decided to give up the shoe. He didn't get off the train and thought something for a moment. He readily took off his right shoe and bent over to the window. He simply threw it out without any hesitation. He wanted the shoe to land near his left shoe on the ground. They were needless to say his only shoes. After he finished throwing his shoe, he quietly sat against the wall. He took a breath. He was calm and silent.

A man in the train saw it. "You seem to underestimate the toughness of the travel here. You don't plan to travel barefoot, do you? I recommend you not to travel without wearing shoes. You act like they are not yours. You seem to miss something. You are going to travel across the continent. You, of course, know that, don't you? I don't care whether you have an extra pair of shoes or not. I don't understand your throwing shoe." the man turned his head to him and bluntly asked. He said softly, "Although I didn't plan to travel barefoot, I do not regret throwing out my shoes. Imagine this! A poor man, by chance, picks up the left shoe. If he doesn't have any shoes, he will definitely need the right shoe, too. If you were in that situation···. What could you possibly do with just one shoe? By the way, they are not my shoes anymore." As he acted like nothing happened to him, he made a gesture to wear shoes. He pretended to have a new pair of shoes. He didn't mind not wearing shoes. He finished talking and turned his head to look out the window. He gently wiped his face. Later people called him "Gandhi".

Review Sentence Writing

1 I enjoy watching raining.
2 It was nice meeting you.
3 Reading a book in a car made me dizzy.
4 It was a pleasure experience for her to eat in the restaurant.
5 Meeting him is obviously pleasant thing.
6 Staying up all night made me tired.
7 It is important to treat our customers politely.
8 Drinking water regularly speeds up metabolism.
9 It was stressful for me to meet the deadline.
10 It was lucky to find my note.
11 It was not easy to get the ticket.
12 It is happy to meet you.
13 It was not a good idea to send him alone.
14 It was difficult to apologize to her.
15 It is hot to wear this dress.
16 It may be dangerous to walk alone at night.
17 It was shocking to accept the truth.
18 It was relatively easy to adjust.
19 It was too complex for us to solve the question.
20 It was too far to walk there.

● Story Seven

Preview the Story Sentence

1 The train again didn't come on an appointed time.
2 They used this newly introduced train.
3 Many people were put to wait in and around the station.
4 The train stopped at the crowded platform.
5 The children were seated in the center of the crowded roof.
6 A plain looking man got on the train.
7 He barely avoided bumping his head against a wooden chair.
8 They were reluctant to make a passing way for him.
9 What could you possibly do with just one left shoe?

The train was delayed again. Waiting for a delayed train was everyday experience for them. The train was scheduled to go to Bombay and it was the last scheduled train for today. People kept waiting for the train from the early morning. The weather was steaming hot. Despite this sizzling heat, people waited to take the train. They were patient in waiting. Most people were used to work at the distanced city. The construction of railways promoted the rapid growth of city in this area. Because the train was frequently used to work at this growing city, the railroad fare was very cheap. Furthermore, people often traveled across the country and they used this newly introduced train for such long trips. The train again didn't come on an appointed time. The train was delayed leaving for Bombay without any notice today. Because of its coming late, many people were put to wait in and around the bustling station. The train slowly arrived at the station. People started packing their belongings and moving. Before the train was guided into the waiting line by the station staffs, the people hastily ran to the approaching train to take a seat. The platform was crowded with people. As soon as the train stopped at the crowded platform, they rushed for a seat. Because everyone was tired in the boiling hot summer weather, the gathered people aggressively pushed and shouted to one another around the train.

While some people ran into the train, others climbed from side and back of the train. The roof was covered with the coal dirt. People went up to the black-coated roof to find some extra spaces. Many people were already on the train. The roof was full with people. They knew well it was not safe to sit on the roof, but they just appreciated sitting on the roof in this chasing condition. There were children among them. The children were seated in the center of the crowded roof. The nervous children sat with their parents to avoid falling from the running train. People expected to have a hard and boring trip this time. The inside of the train was filled with the midsummer heat. Especially in the drying hot day like today, no one liked to be in a heat-filled train or clinging to the door. The door was sized small, but people desperately clung to this height-sized door of the train to get on the train. Not everyone was successful to got on the train. Most didn't want to miss this train, but some tired people stopped trying to get on this congested train. There was a railroad accident a few days ago. Because they remembered seeing the tragic accident, they postponed their leaving to the following day instead of sitting on the overloaded roof of the train. The train was overloaded in and out. The train was still surrounded by many people.

A plain looking man got on the train. He was thin, short. Because the train was already densely filled with people, it wasn't easy to pass through the tightly standing people. By the time he got on, people sat everywhere in the cramped aisle. The aisle was too narrowed by the sitting people to walk through. He shifted his body to the wall to walk along the wall. He carefully took steps not to lose his balance. At that very moment, he mistakenly tripped over something. Because of the narrow aisle, he lost his balance and fell down on the floor. The floor was covered with dust. He barely avoided bumping his head against a wooden chair. He was helped or cared by no one. His left foot was strongly stepped by someone. He quickly pulled out his stepped foot. He avoided another following stepping, but his left shoe was slipped off. Luckily he wasn't hurt, but his left shoe was gone.

He looked around the floor to find the lost shoe. He saw his shoe. It was right next to the door. The door was jammed by people. He dropped his head and began crawling toward the door. He was pushed to the side by a woman. The woman sat on the floor with her baggage. She didn't want to move to save her hard found seat. The woman pretended not to push him. He didn't say a word and continued crawling to the shoe. He saw his rolling shoe between people's legs. When he came close to the shoe, he carefully stretched out his hand to grab his shoe. As his hand almost reached the shoe, someone stepped on the back of his hand and accidentally kicked the shoe. The shoe was kicked out the door. The shoe flew out.

He stopped crawling and raised his head to see the shoe. When he sat up, he was all in sweat. Inside the train was so hot. He saw his flown shoe through the window. It was carelessly rolled over the ground. He asked some passing people to pick up his shoe, but they didn't even look at his face. They refused to pick up the shoe for him. Because everybody was very busy, they didn't want to pay attention to him. They became narrow-minded people only at this moment. Because of the given condition, their mind was hardened. They didn't like listening to him, because everybody just wanted to take a safe seat for their long trips. As he tried to move along the wall to go to the door, he was bothered by the sitting people. They were reluctant to make a passing way for him.

When he almost made his way out the packed door with people, the train suddenly whistled to depart. As the train began to move, people thrust their body into the door to get on the train. The door was jammed again with people. The train slowly began speeding up. The shoe wasn't that far, but he hesitated to get off the moving train. Even though the overloaded train moved at a low speed, he knew he didn't have enough time to bring the shoe back. He decided to give up the shoe. He didn't get off the slow moving train and thought something for a moment. He readily took off his right shoe and bent over to the open window. He simply threw it out without any hesitation. The shoe was thrown in the direction of the left shoe. He wanted the shoe to land near his left shoe on the ground. They were needless to say his only shoes. After he finished throwing his shoe, he found a small-spaced room. He quietly sat next to the rattling door. He took a breath. He was calm and silent.

A man in the train saw it. He was puzzled. "You act like they are not yours. You seem to miss something important. You are going to travel across the continent. You, of course, know that, don't you? I don't care whether you have an extra pair of shoes or not, but I recommend you not to travel without shoes. I am not interested in knowing you. I don't understand your throwing shoe." the man turned his head to him and bluntly asked. He softly said, "Although I didn't actually plan to travel barefoot, I do not regret throwing out my shoes. Imagine this! The left shoe was, by chance, picked up by a poor man. If he doesn't have any wearing shoes, the right shoe will be definitely needed. If you were in that situation…. What could you possibly do with just one left shoe? By the way, they are not my shoes anymore." He made a gesture to wear shoes with a smile. As he acted like nothing happened to him, he pretended to have another prepared pair of shoes. He didn't mind not wearing shoes. He finished talking and looked out the curtained window. The window was half curtained. He turned his head and gently wiped his face. This man later became a trusted spiritual and political leader. He was called "Gandhi".

Review Sentence Writing

1. The experiment was designed carefully.
2. The secret was revealed by him.
3. My eyes were damaged by the strong light.
4. Taking a picture is prohibited by the museum policy.
5. Finally the hidden temple was discovered by them.
6. He was rescued immediately by the people.
7. Some tourists were embarrassed by the new culture.
8. Only authorized personnel are permitted to enter here.
9. The insects are often found near the water's edge/waterside.
10. I am interested in studying genetic engineering.
11. The new product will be advertised soon.
12. The house was built 100 years ago.
13. The painter, Picasso, is well-known.
14. The vending machine is located next to the library.
15. Dinners are served at 5 p.m..
16. Fried chickens are all sold out.
17. The two objects are connected each other by a string.
18. The new performance was awarded a year of performance.
19. The used books are sold at the Max bookstore.
20. People's mind is not predicted accurately.

Memo

Memo

Memo